CELE MAI BUNE REȚETE

MEDITERANEENE 2022

MULTE RETETE IEFINE SI DELICIOSE

PETRA NITA

Cuprins

Linguine cu fructe de mare 9

Relish de roșii cu creveți ghimbir 11

Creveți și paste 14

Cod braconat 16

Midiile în vin alb 18

Dilly somon 20

Somon neted 22

Melodia tonului 23

brânză de mare 24

Fripturi sănătoase 25

ierburi de somon 26

Ton Glasat Smokey 27

Halibut crocant 28

Ton potrivit 29

Fripturi de pește calde și proaspete 29

Shells O'Marine 31

Friptură de vită la mediteranean la fierbere lentă 32

Carne de vită mediteraneană la cuptor lent cu anghinare ... 34

Friptură de oală slabă în stil mediteranean 36

Friptură de carne cu fierbere lentă 38

Hoagies cu carne de vită mediteraneană la fierbere lentă ... 40

Friptură de porc mediteraneană 42

pizza de vita 44

Chifteluțe de vită și bulgur 47

Carne de vită și broccoli gustoasă...49

Carne de Vită Porumb Chili..50

Mancare balsamica de vita..52

Roast beef cu sos de soia 54

Friptură de vită cu rozmarin 56

Cotlete de porc și sos de roșii 58

Pui cu sos de capere 59

Burger de curcan cu salsa de mango..61

Piept de curcan prăjit în ierburi 63

Cârnați de pui și ardei 65

Pui Piccata 67

Pui toscan la tigaie 69

Pui Kapama 71

Piept de pui umplut cu spanac si feta 73

Pulpe de pui la cuptor cu rozmarin 75

Pui cu ceapa, cartofi, smochine si morcovi 75

Gyros de pui cu tzatziki 77

musaca 79

Muschiu de porc din Dijon si ierburi 81

Friptură cu sos de ciuperci de vin roșu...83

chiftele grecești..86

Miel cu fasole...88

Pui în sos balsamic de roșii 90

Orez brun, feta, mazăre proaspătă și salată de mentă 92

Pâine pita integrală umplută cu măsline și năut................................94

Morcovi prajiti cu nuca si fasole cannellini 96

Pui cu unt condimentat 98

Pui dublu cheesy bacon 100

Creveți cu lămâie și piper 102

Halibut pane si condimentat 104

Somon curry cu muștar 106

Nuca Rozmarin Somon 107

Spaghete rapide cu roșii 109

Chili Oregano Brânză la cuptor 111

311. Pui italian crocant 111

Biban de mare în buzunar 113

Paste cremoase cu somon afumat 115

Pui grecesc la fierbere lentă 117

Gyros de pui 119

Cassoulet de pui la fierbere lentă 121

Pui la gătirea lentă provensală 123

Friptură de curcan în stil grecesc 124

Pui cu usturoi cu cuscus 126

Pui Karahi 128

Pui cacciatore cu orzo 130

Daube Provencal gătit lent 132

Osso Bucco 134

Carne de vită Bourguignon la fierbere lentă 136

Carne de vita balsamica 139

Vițel înăbușit 141

Orez mediteranean și cârnați 143

chiftele spaniole 144

Fripturi de conopida cu sos de masline si citrice 146

Paste pesto cu mentă și fistic 148

5

Sos de roşii cherry cu paste din păr de înger 150

Tofu copt cu roşii uscate la soare şi anghinare 152

Tempeh mediteranean copt cu roşii şi usturoi 154

Ciuperci portobello prăjite cu kale şi ceapă roşie 157

Tofu balsamic marinat cu busuioc şi oregano 159

Dovlecel umplut cu ricotta, busuioc şi fistic 161

Farro cu roşii prăjite şi ciuperci 163

Orzo la cuptor cu vinete, majeg si mozzarella 166

Risotto de orz cu rosii 168

Naut si varza varza cu sos pomodoro picant 170

Feta prăjită cu kale şi iaurt de lămâie 172

Vinete prajite si naut cu sos de rosii 174

Glisoare de falafel la cuptor 176

Portobello Caprese 178

Roşii umplute cu ciuperci şi brânză 180

tabouleh 182

Broccoli picant rabe şi inimioare de anghinare 184

Shakshuka 186

Spanakopita 188

tajine 190

Fistic citrice şi sparanghel 192

Vinete umplute cu rosii si patrunjel 194

Ratatouille 196

Gemista 198

rulouri de varza 200

Varza de Bruxelles cu glazura balsamica 202

Salata de spanac cu vinegreta de citrice 204

6

Salată ușoară de portocale cu țelină....................................206

Rulouri de vinete prajite..208

Bol cu legume prăjite și orez brun 210

Hash de conopida cu morcovi 212

Cuburi de dovlecel cu usturoi cu menta 213

Bol de anghinare cu dovlecei cu Faro 214

Chip cu dovlecei cu 5 ingrediente...216

Linguine cu fructe de mare

Timp de preparare: 10 minute

timp de gătit: 35 de minute

Porții: 2

Dificultate: greu D

Ingrediente:

- 2 catei de usturoi, tocati
- 4 uncii linguine, grâu integral
- 1 lingura ulei de masline
- 14 uncii de roşii, conservate şi tăiate cubuleţe
- 1/2 lingurita salota, tocata
- 1/4 cană vin alb
- Sare de mare si piper negru dupa gust
- 6 midii cu sâmburi de cireş, curăţate
- 4 uncii de tilapia, tăiate în fâşii de 1 inch
- 4 uncii scoici uscate
- 1/8 cană parmezan, ras
- 1/2 lingurita maghiran, tocat si proaspat

directii:

Fierbeţi apa în oală şi gătiţi pastele până se înmoaie, ceea ce ar trebui să dureze aproximativ opt minute. Scurgeţi şi apoi clătiţi tăiţeii.

Încingeți uleiul într-o tigaie mare la foc mediu-mare, apoi adăugați ustuoiul și eșapa odată ce uleiul este fierbinte. Gatiti un minut, amestecand des.

Creşteţi căldura la mediu-mare înainte de a adăuga sare, vin, piper şi roşii şi aduceţi la fiert. Gatiti inca un minut.

Apoi adăugaţi midiile, acoperiți şi gătiţi încă două minute.

Apoi, amestecaţi maghiranul, scoicile şi peştele. Continuaţi să gătiţi până când peştele este gătit şi midiile s-au deschis. Acest lucru va dura până la cinci minute şi va elimina toate scoici care nu se deschid.

Peste paste se toarnă sosul şi midiile şi se presară cu parmezan şi maghiran înainte de servire. Serviţi cald.

Nutriţie (pentru 100g):329 Calorii 12g Grăsimi 10g Carbohidraţi 33g Proteine 836mg Sodiu

Relish de roșii cu creveți ghimbir

Timp de preparare: 10 minute

timp de gătit: 15 minute

Porții: 2

Dificultate: greu D

Ingrediente:

- 1 1/2 linguri ulei vegetal
- 1 cățel de usturoi, tocat
- 10 creveți foarte mari, curățați și coada rămase
- 3/4 linguri degete, rase si decojite
- 1 roșie verde, tăiată la jumătate
- 2 roșii prune, tăiate la jumătate
- 1 lingura suc de lamaie, proaspat
- 1/2 lingurita zahar
- 1/2 lingură jalapeno fără semințe, proaspăt și tocat
- 1/2 lingura busuioc, proaspat si tocat
- 1/2 lingura coriandru, tocat si proaspat
- 10 frigarui
- Sare de mare si piper negru dupa gust

directii:

Înmuiați frigăruile într-o tigaie cu apă timp de cel puțin o jumătate de oră.

Într-un castron, amestecați usturoiul și ghimbirul, transferați jumătate într-un castron mai mare și amestecați cu 2 linguri de ulei. Adăugați creveții, asigurându-vă că sunt bine acoperiți.

Se acopera si se da la frigider pentru cel putin jumatate de ora si apoi se lasa sa se raceasca.

Încingeți grătarul la mare și ungeți ușor grătarele cu ulei. Scoateți un castron și aruncați prune și roșii verzi cu lingura rămasă de ulei și asezonați cu sare și piper.

Roșiile voastre la grătar cu partea tăiată în sus și coaja ar trebui să fie carbonizată. Pulpa roșii tale trebuie să fie fragedă, ceea ce durează aproximativ 4 până la 6 minute pentru roșia prune și aproximativ 10 minute pentru roșia verde.

Scoateți coaja când roșiile sunt suficient de reci pentru a fi manipulate, apoi aruncați semințele. Tăiați mărunt pulpa de roșii și adăugați la ghimbirul și usturoiul rezervat. Adăugați zahăr, jalapeno, suc de lămâie și busuioc.

Asezonaţi creveţii cu sare şi piper, treceţi-i pe frigărui, apoi prăjiţi până când devin opace, aproximativ două minute pe fiecare parte. Puneţi creveţii pe un platou, dacă doriţi, şi bucuraţi-vă.

Nutriţie (pentru 100g):391 calorii 13 g grăsimi 11 g carbohidraţi 34 g proteine 693 mg sodiu

Creveți și paste

Timp de preparare: 10 minute

timp de gătit: 10 minute

Porții: 2

Nivel de dificultate: mediu

Ingrediente:

- 2 cesti taitei de par de inger, fierti
- 1/2 kg de creveți medii, decojiți
- 1 cățel de usturoi, tocat
- 1 cana rosii, tocate
- 1 lingurita ulei de masline
- 1/6 cană măsline Kalamata, fără sâmburi și tocate
- 1/8 cană busuioc, proaspăt și feliat subțire
- 1 lingura capere, scurse
- 1/8 cană brânză feta, mărunțită
- Strop de piper negru

directii:

Gătiţi pastele conform instrucţiunilor de pe ambalaj, apoi încălziţi uleiul de măsline într-o tigaie la foc mediu-mare. Fierbeţi usturoiul timp de o jumătate de minut, apoi adăugaţi creveţii. Se prăjeşte încă un minut.

Adăugaţi busuioc şi roşiile, apoi reduceţi focul la fiert timp de trei minute. Roşia ta ar trebui să fie fragedă.

Adăugaţi măslinele şi caperele. Adăugaţi un praf de piper negru şi combinaţi amestecul de creveţi şi tăiţeii pentru a servi. Acoperiţi cu brânză înainte de a servi cald.

Nutriţie (pentru 100g):357 calorii 11 g grăsimi 9 g carbohidraţi 30 g proteine 871 mg sodiu

Cod braconat

Timp de preparare: 10 minute

timp de gătit: 25 de minute

Porții: 2

Nivel de dificultate: mediu

Ingrediente:

- 2 file de cod, 6 oz
- Sare de mare si piper negru dupa gust
- 1/4 cană vin alb sec
- 1/4 cană stoc de fructe de mare
- 2 catei de usturoi, tocati
- 1 frunză de dafin
- 1/2 linguriță de salvie, proaspătă și tocată
- 2 crengute de rozmarin pentru decor

directii:

Începeți prin a porni cuptorul la 375, apoi condimentați fileurile cu sare și piper. Pune-le într-o tavă de copt și adaugă bulionul tău, usturoiul, vinul, salvie și frunza de dafin. Acoperiți bine și apoi coaceți timp de douăzeci de minute. Peștele dvs. ar trebui să fie fulger când este testat cu o furculiță.

Folosiți o spatulă pentru a îndepărta fiecare file, puneți lichidul la foc mare și fierbeți pentru a reduce la jumătate. Acest lucru ar trebui să dureze zece minute și va trebui să amestecați des. Se serveste udat in lichid de braconat si ornat cu o crenguta de rozmarin.

Nutriție (pentru 100g): 361 de calorii 10 g grăsimi 9 g carbohidrați 34 g proteine 783 mg sodiu

Midiile în vin alb

Timp de preparare: 5 minute

timp de gătit: 10 minute

Porții: 2

Dificultate: greu D

Ingrediente:

- 2 lbs. Midii vii, proaspete
- 1 cană de vin alb sec
- 1/4 linguriță sare de mare, fină
- 3 catei de usturoi, tocati
- 2 lingurite salota taiata cubulete
- 1/4 cana patrunjel, proaspat si tocat, impartit
- 2 linguri ulei de masline
- 1/4 lămâie, zeamă

directii:

Scoateți o strecurătoare, spălați-vă midiile și clătiți-le cu apă rece. Aruncați toate midiile care nu se închid la atingere, apoi folosiți un cuțit de toaletă pentru a îndepărta barba de pe fiecare.

Scoateți oala, puneți la foc mediu-mare și adăugați usturoiul, eșalota, vinul și pătrunjelul. Aduceți-l la fiert. Odată ce fierbe încontinuu, adăugați midiile și acoperiți. Lăsați-le să fiarbă timp de cinci până la șapte minute. Asigurați-vă că nu se gătesc prea mult.

Scoateți-le cu o lingură cu fantă și adăugați în cratiță sucul de lămâie și uleiul de măsline. Amestecați bine și turnați bulionul peste midii înainte de a le servi cu pătrunjel.

Nutriție (pentru 100g):345 calorii 9 g grăsimi 18 g carbohidrați 37 g proteine 693 mg sodiu

Dilly somon

Timp de preparare: 10 minute

timp de gătit: 15 minute

Porții: 2

Nivel de dificultate: mediu

Ingrediente:

- 2 fileuri de somon, câte 6 uncii fiecare
- 1 lingura ulei de masline
- 1/2 mandarina, suc
- 2 lingurite coaja de portocala
- 2 linguri de marar, proaspat si tocat
- Sare de mare si piper negru dupa gust

directii:

Pregătiți cuptorul la 375 de grade, apoi scoateți două bucăți de folie de 10 inci. Frecați fileurile cu ulei de măsline pe ambele părți înainte de a asezona cu sare și piper. Așezați fiecare file într-o bucată de folie.

Stoarceți peste sucul de portocale și apoi stropiți peste coaja de portocale și mărar. Închideți pachetul, asigurându-vă că există doi centimetri de aer în folie pentru a permite peștelui să se abureasca, apoi puneți-l pe o tavă de copt.

Coaceți cu cincisprezece minute înainte de a deschide pachetele și împărțiți-le în două farfurii de servire. Turnați sosul peste înainte de servire.

Nutriție (pentru 100g):366 de calorii 14 g grăsimi 9 g carbohidrați 36 g proteine 689 mg sodiu

Somon neted

Timp de preparare: 8 minute

timp de gătit: 8 minute

Porții: 2

Nivel de dificultate: Ușor

Ingrediente:

- Somon, file de 6 uncii
- Lămâie, 2 felii
- capere, 1 lingura
- sare de mare și piper, 1/8 linguriță
- Ulei de măsline extravirgin, 1 lingură

directii:

Pune o tigaie curată la foc mediu pentru a găti timp de 3 minute. Pune uleiul de măsline pe o farfurie și unge somonul peste tot cu el. Prăjiți somonul în tigaie la foc mare.

Acoperiți somonul cu ingredientele rămase și răsturnați pentru a găti fiecare parte. Observați dacă ambele părți sunt maro. Poate dura 3-5 minute pe fiecare parte. Asigurați-vă că somonul este gătit testându-l cu o furculiță.

Serviți cu felii de lămâie.

Nutriție (pentru 100g):371 calorii 25,1 g grăsimi 0,9 g carbohidrați 33,7 g proteine 782 mg sodiu

Melodia tonului

Timp de preparare: 20 minute

timp de gătit: 20 de minute

Porții: 2

Nivel de dificultate: Ușor

Ingrediente:

- Ton, 12 oz
- ceapa primavara, 1 pentru garnitura
- Boia de ardei, ¼, tocata
- Otet, 1 shot
- sare si piper dupa gust
- Avocado, 1 tăiat în jumătate și fără sămânță
- Iaurt grecesc, 2 linguri

directii:

Amesteca tonul cu otet, ceapa, iaurt, avocado si ardei intr-un castron.

Adaugam condimentele, amestecam si servim cu garnitura de ceapa primavara.

Nutriție (pentru 100g):294 calorii 19 g grăsimi 10 g carbohidrați 12 g proteine 836 mg sodiu

brânză de mare

Timp de preparare: 12 minute

timp de gătit: 25 de minute

Porții: 2

Nivel de dificultate: Uşor

Ingrediente:

- Somon, file de 6 uncii
- Busuioc uscat, 1 lingură
- Brânză, 2 linguri, rasă
- Roşie, 1, feliată
- Ulei de măsline extravirgin, 1 lingură

directii:

Pregătiți un cuptor la 375 F. Pune folie de aluminiu într-o tavă şi stropeşte cu ulei de gătit. Aşezați cu grijă somonul pe tava de copt şi acoperiți cu ingredientele rămase.

Lasă somonul să se rumenească 20 de minute. Lăsați să se răcească timp de cinci minute şi transferați pe o farfurie de servire. Puteți vedea topping-ul în centrul somonului.

Nutriție (pentru 100g):411 calorii 26,6 g grăsimi 1,6 g carbohidrați 8 g proteine 822 mg sodiu

Fripturi sănătoase

Timp de preparare: 10 minute

timp de gătit: 20 de minute

Porții: 2

Nivel de dificultate: Uşor

Ingrediente:

- ulei de măsline, 1 linguriță
- Friptură de halibut, 8 oz
- Usturoi, ½ linguriță, tocat
- unt, 1 lingura
- sare si piper dupa gust

directii:

Încinge o tigaie şi adaugă uleiul. Se prăjesc fripturile în tigaie la foc mediu-mare, se topesc untul cu usturoi, sare şi piper. Adăugaţi fripturile, amestecaţi, acoperiţi şi serviţi.

Nutriţie (pentru 100g): 284 calorii 17 g grăsimi 0,2 g carbohidraţi 8 g proteine 755 mg sodiu

ierburi de somon

Timp de preparare: 8 minute

timp de gătit: 18 minute

Porții: 2

Nivel de dificultate: Ușor

Ingrediente:

- Somon, 2 fileuri fara piele
- Sare grunjoasă după gust
- Ulei de măsline extravirgin, 1 lingură
- Lămâie, 1, feliată
- Rozmarin proaspăt, 4 crenguțe

directii:

Preîncălziți cuptorul la 400F. Asezati folia de aluminiu intr-o tava si puneti deasupra somonul. Acoperiți somonul cu ingredientele rămase și coaceți timp de 20 de minute. Serviți imediat cu felii de lămâie.

Nutriție (pentru 100g):257 calorii 18 g grăsimi 2,7 g carbohidrați 7 g proteine 836 mg sodiu

Ton Glasat Smokey

Timp de preparare: 35 minute

timp de gătit: 10 minute

Porții: 2

Nivel de dificultate: Ușor

Ingrediente:

- Ton, fripturi de 4 uncii
- suc de portocale, 1 lingura
- usturoi tocat, ½ cățel
- suc de lamaie, ½ lingurita
- Pătrunjel proaspăt, 1 lingură, tocat
- sos de soia, 1 lingura
- Ulei de măsline extravirgin, 1 lingură
- Piper negru măcinat, ¼ de linguriță
- Oregano, ¼ de linguriță

directii:

Alegeți un bol de mixare și adăugați toate ingredientele, cu excepția tonului. Se amestecă bine și apoi se adaugă tonul în marinadă. Răciți acest amestec timp de o jumătate de oră. Încingeți o tigaie pentru grătar și prăjiți tonul timp de 5 minute pe fiecare parte. Serviți când este gătit.

Nutriție (pentru 100g):200 calorii 7,9 g grăsimi 0,3 g carbohidrați 10 g proteine 734 mg sodiu

Halibut crocant

Timp de preparare: 20 minute

timp de gătit: 15 minute

Porții: 2

Nivel de dificultate: Uşor

Ingrediente:

- pătrunjel până la vârf
- Mărar proaspăt, 2 linguri, tocat
- Arpagic proaspăt, 2 linguri, tocat
- ulei de măsline, 1 lingură
- sare si piper dupa gust
- Halibut, file, 6 oz
- Coaja de lamaie, ½ lingurita, rasa fin
- Iaurt grecesc, 2 linguri

directii:

Preîncălziți cuptorul la 400F. Tapetați o foaie de copt cu folie.

Puneți toate ingredientele într-un bol larg şi marinați fileurile.

Clătiți şi uscați fileurile; Se da apoi la cuptor si se coace 15 minute.

Nutriție (pentru 100g): 273 calorii 7,2 g grăsimi 0,4 g carbohidrați 9 g proteine 783 mg sodiu

Ton potrivit

Timp de preparare: 15 minute

timp de gătit: 10 minute

Porţii: 2

Nivel de dificultate: Uşor

Ingrediente:

- ou, ½
- Ceapa, 1 lingura, tocata marunt
- blat de telina
- sare si piper dupa gust
- Usturoi, 1 catel, tocat
- Ton conservat, 7 oz
- Iaurt grecesc, 2 linguri

directii:

Scurge tonul, adauga oul si iaurtul cu usturoi, sare si piper.

Amestecaţi acest amestec cu ceapa într-un castron şi modelaţi chiftele. Luaţi o tigaie mare şi rumeniţi chiftelele timp de 3 minute pe fiecare parte. Scurgeţi şi serviţi.

Nutriţie (pentru 100g):230 calorii 13 g grăsimi 0,8 g carbohidraţi 10 g proteine 866 mg sodiu

Fripturi de peşte calde şi proaspete

Timp de preparare: 14 minute

timp de gătit: 14 minute

Porţii: 2

Nivel de dificultate: Uşor

Ingrediente:

- Usturoi, 1 catel, tocat
- suc de lamaie, 1 lingura
- zahăr brun, 1 lingură
- Friptură de halibut, 1 lb
- sare si piper dupa gust
- sos de soia, ¼ de linguriţă
- unt, 1 lingurita
- Iaurt grecesc, 2 linguri

directii:

Preîncălziţi grătarul la foc mediu. Amestecă într-un castron untul, zahărul, iaurtul, sucul de lămâie, sosul de soia şi condimentele. Se încălzeşte amestecul într-o tigaie. Folosiţi acest amestec pentru a acoperi friptura în timpul grătarului. Se serveste fierbinte.

Nutriţie (pentru 100g):412 calorii 19,4 g grăsimi 7,6 g carbohidraţi 11 g proteine 788 mg sodiu

Shells O'Marine

Timp de preparare: 20 minute

timp de gătit: 10 minute

Porții: 2

Nivel de dificultate: Ușor

Ingrediente:

- Midii, curățate și decojite, 1 lb
- lapte de cocos, ½ cană
- Piper Cayenne, 1 linguriță
- Suc proaspăt de lămâie, 1 lingură
- Usturoi, 1 lingurita, tocat
- Coriandru, proaspăt tocat pentru decor
- zahăr brun, 1 linguriță

directii:

Amestecă toate ingredientele, cu excepția midii, într-o cratiță. Se încălzește amestecul și se aduce la fierbere. Adăugați midiile și gătiți timp de 10 minute. Serviți într-un bol cu lichidul fiert.

Nutriție (pentru 100g):483 calorii 24,4 g grăsimi 21,6 g carbohidrați 1,2 g proteine 499 mg sodiu

Friptură de vită la mediteranean la fierbere lentă

Timp de preparare: 10 minute

timp de gătit: 10 ore si 10 minute

Porții: 6

Nivel de dificultate: mediu

Ingrediente:

- Friptură de 3 lire, fără os
- 2 lingurite rozmarin
- ½ cană de roșii, uscate la soare și tocate
- 10 catei de usturoi rasi
- ½ cană bulion de vită
- 2 linguri de otet balsamic
- ¼ cană pătrunjel italian tocat, proaspăt
- ¼ cană măsline tocate
- 1 lingurita de coaja de lamaie
- ¼ cană cu nisip

directii:

În aragazul lent, adăugați usturoiul, roșiile uscate la soare și friptura de vită. Adăugați bulion de vită și rozmarin. Închideți aragazul și gătiți încet timp de 10 ore.

După gătit, scoateți carnea de vită și tăiați carnea. Aruncați grăsimea. Reveniți carnea mărunțită în aragazul lent și fierbeți timp de 10 minute. Într-un castron mic, amestecați coaja de lămâie, pătrunjelul și măslinele. Răciți amestecul până când este gata de servire. Se ornează cu amestecul răcit.

Serviți peste paste sau tăiței cu ou. Acoperiți cu nisip de brânză.

Nutriție (pentru 100g):314 calorii 19 g grăsimi 1 g carbohidrați 32 g proteine 778 mg sodiu

Carne de vită mediteraneană la cuptor lent cu anghinare

timp de pregatire: 3 ore si 20 de minute

timp de gătit: 7 ore si 8 minute

Porții: 6

Nivel de dificultate: Uşor

Ingrediente:

- 2 kilograme de carne de vită pentru tocană
- 14 uncii inimioare de anghinare
- 1 lingura ulei din samburi de struguri
- 1 ceapa taiata cubulete
- 32 uncii bulion de vită
- 4 catei de usturoi, rasi
- 14½ uncii de roşii conservate, tăiate cubuleţe
- 15 uncii de sos de roşii
- 1 lingurita oregano uscat
- ½ cană măsline fără sâmburi, mărunţite
- 1 lingurita patrunjel uscat
- 1 lingurita oregano uscat
- ½ linguriţă de chimen măcinat
- 1 lingurita busuioc uscat
- 1 frunză de dafin
- ½ lingurita sare

directii:

Se toarnă puțin ulei într-o tigaie mare antiaderentă și se încălzește la foc mediu-mare. Se prăjește carnea de vită până se rumenește pe ambele părți. Transferați carnea de vită într-un aragaz lent.

Adauga supa de vita, rosiile taiate cubulete, sosul de rosii, sare si amesteca. Se toarnă bulionul de vită, roșiile tăiate cubulețe, oregano, măsline, busuioc, pătrunjel, dafin și chimen. Combinați bine amestecul.

Închideți și gătiți la foc mic timp de 7 ore. Aruncați frunza de dafin pentru a servi. Se serveste fierbinte.

Nutriție (pentru 100g):416 calorii 5 g grăsimi 14,1 g carbohidrați 29,9 g proteine 811 mg sodiu

Friptură de oală slabă în stil mediteranean

Timp de preparare: 30 minute

Timp de preparare: 8 ore

Porții: 10

Dificultate: greu D

Ingrediente:

- 4 kilograme de ochi rotund
- 4 catei de usturoi
- 2 lingurite ulei de masline
- 1 lingurita piper negru proaspat macinat
- 1 cana ceapa tocata
- 4 morcovi, tocați
- 2 lingurite rozmarin uscat
- 2 batoane de telina tocate
- 28 uncii roșii zdrobite la conserva
- 1 cană bulion de vită cu conținut scăzut de sodiu
- 1 cană de vin roșu
- 2 lingurite de sare

directii:

Se condimentează friptura de vită cu sare, usturoi și piper și se lasă deoparte. Pune ulei intr-o tigaie tapetata si incinge la foc mediu. Adăugați carnea de vită și prăjiți până se rumenește pe toate părțile. Acum transferați carnea de vită prăjită într-un aragaz lent de 6 litri. Adăugați morcovii, ceapa, rozmarinul și țelina în tigaie. Continuați să gătiți până când ceapa și legumele se înmoaie.

Amestecați roșiile și vinul în acest amestec de legume. Adăugați bulionul de vită și amestecul de roșii în aragazul lent împreună cu amestecul de legume. Închideți și gătiți la foc mic timp de 8 ore.

Odată ce carnea este gătită, se scoate din slow cooker, se așează pe o masă de tăiat și se înfășoară în folie de aluminiu. Pentru a îngroșa sosul, puneți-l într-o cratiță și fierbeți la foc mic până ajunge la consistența dorită. Aruncați grăsimile înainte de servire.

Nutriție (pentru 100g):260 calorii 6 g grăsimi 8,7 g carbohidrați 37,6 g proteine 588 mg sodiu

Friptură de carne cu fierbere lentă

Timp de preparare: 10 minute

timp de gătit: 6 ore si 10 minute

Porţii: 8

Nivel de dificultate: mediu

Ingrediente:

- 2 kilograme de bizon măcinat
- 1 dovlecel ras
- 2 ouă mari
- Spray de gătit cu ulei de măsline după cum este necesar
- 1 dovlecel, tocat
- ½ cana patrunjel proaspat, tocat marunt
- ½ cană de brânză parmezan, rasă
- 3 linguri de otet balsamic
- 4 catei de usturoi, rasi
- 2 linguri ceapa tocata
- 1 lingura oregano uscat
- ½ lingurita piper negru macinat
- ½ lingurita sare kosher
- Pentru acoperire:
- ¼ cană brânză mozzarella rasă
- ¼ de cană de ketchup fără zahăr
- ¼ cană pătrunjel proaspăt tocat

directii:

Tapetați interiorul unui aragaz lent de 6 litri cu folie de aluminiu. Pulverizați ulei de gătit antiaderent peste el.

Într-un castron mare, combinați bizonul măcinat sau muschiul de vită foarte slab, dovlecelul, ouăle, pătrunjelul, oțetul balsamic, usturoiul, oregano uscat, sare de mare sau cușer, ceapa uscată tocată și piper negru măcinat.

Adăugați acest amestec în aragazul lent și formați o pâine alungită. Acoperiți aragazul, lăsați focul la mic și gătiți timp de 6 ore. După gătire, deschideți aragazul și întindeți ketchup-ul pe friptură.

Acum puneți brânza ca un nou strat peste ketchup și închideți aragazul lent. Lăsați friptura să se odihnească pe aceste două straturi aproximativ 10 minute sau până când brânza începe să se topească. Se orneaza cu patrunjel proaspat si mozzarella rasa.

Nutriție (pentru 100g):320 calorii 2 g grăsimi 4 g carbohidrați 26 g proteine 681 mg sodiu

Hoagies cu carne de vită mediteraneană la fierbere lentă

Timp de preparare: 10 minute

Timp de preparare: 13 ore

Porții: 6

Nivel de dificultate: mediu

Ingrediente:

- 3 kilograme de carne de vită rotundă, fără grăsime
- ½ lingurita praf de ceapa
- ½ lingurita piper negru
- 3 căni de bulion de vită cu conținut scăzut de sodiu
- 4 lingurițe de amestec de dressing pentru salată
- 1 frunză de dafin
- 1 lingura de usturoi, tocat
- 2 ardei gras roșii, tăiați subțiri
- 16 uncii de ardei iute
- 8 felii de Sargento provolone, subțiri
- 2 uncii de pâine fără gluten
- ½ lingurita sare
- Pentru condimentare:
- 1½ lingurita praf de ceapa
- 1½ linguriță pudră de usturoi
- 2 linguri patrunjel uscat

- 1 lingura stevia
- ½ linguriță de cimbru uscat
- 1 lingura oregano uscat
- 2 linguri de piper negru
- 1 lingura de sare
- 6 felii de branza

directii:

Uscați friptura cu un prosop de hârtie. Combinați piperul negru, praful de ceapă și sarea într-un castron mic și frecați amestecul peste friptură. Puneți friptura condimentată într-un aragaz lent.

Puneți bulionul, amestecul de sos pentru salată, frunza de dafin și usturoiul în aragazul lent. Combinați-l cu grijă. Închideți și puneți la foc mic timp de 12 ore. Scoateți frunza de dafin după gătit.

Scoateți carnea de vită fiartă și tăiați carnea de vită. Rezervați carnea de vită mărunțită și adăugați ardeiul gras. Puneți ardeii și ardeii iute în aragazul lent. Acoperiți aragazul și gătiți la foc mic timp de 1 oră. Înainte de servire, acoperiți fiecare pâine cu 3 uncii de amestec de carne. Acoperiți cu o felie de brânză. Sosul lichid poate fi folosit ca dip.

Nutriție (pentru 100g): 442 calorii 11,5 g grăsimi 37 g carbohidrați 49 g proteine 735 mg sodiu

Friptură de porc mediteraneană

Timp de preparare: 10 minute

timp de gătit: 8 ore si 10 minute

Porții: 6

Nivel de dificultate: mediu

Ingrediente:

- 2 linguri ulei de masline
- 2 kilograme friptură de porc
- ½ lingurita boia
- ¾ cană supă de pui
- 2 lingurite de salvie uscata
- ½ lingură de usturoi tocat
- ¼ de linguriță maghiran uscat
- ¼ linguriță rozmarin uscat
- 1 lingurita oregano
- ¼ linguriță de cimbru uscat
- 1 lingurita busuioc
- ¼ linguriță sare kosher

directii:

Într-un castron mic, combinați bulionul, uleiul, sarea și condimentele. Se toarnă ulei de măsline într-o tigaie şi se încălzește la foc mediu. Adăugați carnea de porc și prăjiți până când toate părțile devin maro.

Când carnea de porc este gătită, scoateți și străpungeți friptura peste tot cu un cuțit. Puneți friptura de porc într-o cratiță de 6 litri. Acum turnați lichidul de amestec în bolul mic peste friptură.

Acoperiți oala și gătiți la foc mic timp de 8 ore. După ce s-a fiert, se scoate din oală, se așează pe o masă de tăiat și se taie în bucăți. După aceea, puneți carnea de porc mărunțită înapoi în oală. Se fierbe încă 10 minute. Serviți cu brânză feta, pâine și roșii.

Nutriție (pentru 100g):361 calorii 10,4 g grăsimi 0,7 g carbohidrați 43,8 g proteine 980 mg sodiu

pizza de vita

Timp de preparare: 20 minute

timp de gătit: 50 de minute

Porții: 10

Dificultate: greu D

Ingrediente:

- Pentru crusta:
- 3 căni de făină universală
- 1 lingura de zahar
- 2¼ lingurițe drojdie uscată activă
- 1 lingurita de sare
- 2 linguri ulei de masline
- 1 cană de apă caldă
- Pentru vopsire:
- 1 kg carne de vită tocată
- 1 ceapa medie, tocata
- 2 linguri pasta de rosii
- 1 lingura chimen macinat
- Sare si piper negru macinat dupa nevoie
- ¼ cană de apă
- 1 cană spanac proaspăt, tocat
- 8 uncii inimioare de anghinare, tăiate în sferturi
- 4 uncii ciuperci buton proaspete, feliate

- 2 rosii, tocate
- 4 uncii de brânză feta, mărunțită

directii:

Pentru crusta:

Amestecați făina, zahărul, drojdia și sarea într-un robot de bucătărie prevăzut cu cârligul pentru aluat. Adăugați 2 linguri de ulei și apă caldă și frământați într-un aluat neted și elastic.

Modelați aluatul într-o bilă și lăsați-l să se odihnească aproximativ 15 minute.

Puneți aluatul pe o suprafață ușor înfăinată și întindeți-l în cerc. Turnați aluatul într-o tavă rotundă pentru pizza unsă ușor și apăsați ușor. Se lasa deoparte aproximativ 10-15 minute. Ungeți crusta cu puțin ulei. Preîncălziți cuptorul la 400 de grade F.

Pentru vopsire:

Prăjiți carnea de vită într-o tigaie acoperită la foc mediu timp de aproximativ 4-5 minute. Amestecați ceapa și gătiți aproximativ 5 minute, amestecând des. Adauga pasta de rosii, chimen, sare, piper negru si apa si amesteca.

Setați focul la mediu și gătiți aproximativ 5-10 minute. Scoateți de pe aragaz și lăsați deoparte. Se pune amestecul de vita pe crusta de pizza si se pune deasupra spanacul, urmat de anghinare, ciuperci, rosii si branza feta.

Coaceți până când brânza se topește. Scoateți din cuptor și lăsați să se odihnească 3-5 minute înainte de a tăia felii. Tăiați în felii de dimensiunea dorită și serviți.

Nutriție (pentru 100g):309 calorii 8,7 g grăsimi 3,7 g carbohidrați 3,3 g proteine 732 mg sodiu

Chifteluțe de vită și bulgur

Timp de preparare: 20 minute

timp de gătit: 28 de minute

Porții: 6

Nivel de dificultate: mediu

Ingrediente:

- ¾ cană bulgur nefiert
- 1 kg carne de vită tocată
- ¼ cană eșalotă, tocată
- ¼ cană pătrunjel proaspăt, tocat
- ½ linguriță de ienibahar măcinat
- ½ linguriță de chimen măcinat
- ½ lingurita de scortisoara macinata
- ¼ linguriță fulgi de ardei roșu, zdrobiți
- sare, la nevoie
- 1 lingura ulei de masline

directii:

Într-un castron mare cu apă rece, înmuiați bulgurul timp de aproximativ 30 de minute. Scurgeți bine bulgurul, apoi strângeți cu mâinile pentru a elimina surplusul de apă. Într-un robot de bucătărie, combinați bulgurul, carnea de vită, șota, pătrunjelul, condimentele, sarea și leguminoasele până la omogenizare.

Se pune amestecul într-un bol, se acoperă şi se dă la frigider pentru aproximativ 30 de minute. Scoateţi din frigider şi modelaţi amestecul de vită în bile de aceeaşi dimensiune. Într-o tigaie mare antiaderenţă, încălziţi uleiul la foc mediu-mare şi gătiţi chiftelele în 2 reprize, aproximativ 13-14 minute, întorcându-le frecvent. Serviţi cald.

Nutriţie (pentru 100g): 228 calorii 7,4 g grăsimi 0,1 g carbohidraţi 3,5 g proteine 766 mg sodiu

Carne de vită şi broccoli gustoasă

Timp de preparare: 10 minute

timp de gătit: 15 minute

Porţii: 4

Nivel de dificultate: Uşor

Ingrediente:

- 1 şi ½ kilograme. friptură de flanc
- 1 lingura. ulei de masline
- 1 lingura. Sos tamari
- 1 cana supa de vita
- 1 kilogram de broccoli, buchețele separate

directii:

Se amestecă fâşii de friptură cu ulei şi tamari, se amestecă şi se lasă să se odihnească 10 minute. În modul Saute, formaţi Instant Pot, puneţi fâşiile de vită şi rumeniţi-le timp de 4 minute pe fiecare parte. Se amestecă bulionul, se acoperă din nou oala şi se fierbe la foc mare timp de 8 minute. Se amestecă broccoli, se acoperă şi se fierbe la foc mare încă 4 minute. Se pune totul pe farfurii si se serveste. Bucuraţi-vă!

Nutriţie (pentru 100g):312 Calorii 5g Grăsimi 20g Carbohidraţi 4g Proteine 694mg Sodiu

Carne de Vită Porumb Chili

Timp de preparare: 8-10 minute

timp de gătit: 30 minute

Porții: 8

Nivel de dificultate: mediu

Ingrediente:

- 2 cepe mici, tocate (fin)
- ¼ cană de porumb conservat
- 1 lingura de ulei
- 10 uncii carne de vită macră
- 2 ardei iute mici, tăiați cubulețe

directii:

Porniți Instant Pot. Faceți clic pe „SAUTEN". Se toarnă uleiul, apoi se amestecă ceapa, ardeiul iute și carnea de vită; gătiți până devine translucid și moale. Turnați cele 3 căni de apă în cratiță; amesteca bine.

Închideți capacul. Selectați CARNE/TOCANĂ. Setați cronometrul pentru 20 de minute. Lăsați să gătească până când cronometrul ajunge la zero.

Faceți clic pe „CANCEL" și apoi pe „NPR" pentru a elibera presiunea naturală timp de aproximativ 8-10 minute. Deschideți vasul și puneți-l în farfurii de servire. A servi.

Nutriție (pentru 100g):94 Calorii 5g Grăsimi 2g Carbohidrați 7g Proteine 477mg Sodiu

Mancare balsamica de vita

Timp de preparare: 5 minute

timp de gătit: 55 de minute

Porții: 8

Nivel de dificultate: mediu

Ingrediente:

- 3 kilograme de friptură de chuck
- 3 catei de usturoi, feliati subtiri
- 1 lingura de ulei
- 1 lingurita otet aromat
- ½ lingurita piper
- ½ lingurita rozmarin
- 1 lingura de unt
- ½ linguriță de cimbru
- ¼ cană oțet balsamic
- 1 cană bulion de vită

directii:

Tăiați fâșii în friptură și umpleți de jur împrejur cu felii de usturoi. Combinați oțetul aromatizat, rozmarinul, piperul, cimbru și frecați amestecul peste friptură. Setați oala în modul de sot și amestecați uleiul, lăsați uleiul să se încălzească. Prăjiți ambele părți ale fripturii.

Scoate-l și pune-l deoparte. Se amestecă untul, bulionul, oțetul balsamic și se deglasează cratita. Întoarceți friptura și închideți capacul, apoi gătiți la PRESIUNE ÎNALTĂ timp de 40 de minute.

Efectuați o eliberare rapidă. A servi!

Nutriție (pentru 100g):393 Calorii 15g Grăsimi 25g Carbohidrați 37g Proteine 870mg Sodiu

Roast beef cu sos de soia

Timp de preparare: 8 minute

timp de gătit: 35 de minute

Porții: 2-3

Nivel de dificultate: mediu

Ingrediente:

- ½ lingurita supa de vita
- 1 ½ linguriță de rozmarin
- ½ lingurita de usturoi tocat
- 2 kilograme friptură de vită
- 1/3 cană sos de soia

directii:

Combinați sosul de soia, bulionul, rozmarinul și usturoiul într-un bol de amestecare.

Porniți Instant Pot. Așezați friptura și turnați apă cât să acopere friptura; se amestecă ușor pentru a se amesteca bine. Închideți-l bine.

Faceți clic pe funcția de gătit „CARNE/TOCANĂ"; Setați nivelul de presiune la „HIGH" și setați timpul de gătire la 35 de minute. Lăsați presiunea să crească pentru a găti ingredientele. Când ați terminat, faceți clic pe setarea „CANCEL", apoi faceți clic pe funcția de gătit „NPR" pentru a elibera presiunea în mod natural.

Deschideți treptat capacul și tăiați carnea. Amestecați carnea mărunțită înapoi în pământ de ghivece și amestecați bine. Se toarnă în recipiente de servire. Serviți cald.

Nutriție (pentru 100g):423 calorii 14 g grăsimi 12 g carbohidrați 21 g proteine 884 mg sodiu

Friptură de vită cu rozmarin

Timp de preparare: 5 minute

timp de gătit: 45 de minute

Porţii: 5-6

Nivel de dificultate: mediu

Ingrediente:

- 3 kilograme de friptură de vită
- 3 catei de usturoi
- ¼ cană oţet balsamic
- 1 crenguţă de rozmarin proaspăt
- 1 crenguţă de cimbru proaspăt
- 1 cană de apă
- 1 lingura ulei vegetal
- sare si piper dupa gust

directii:

Se taie friptura de vita si se adauga cateii de usturoi. Ungeţi friptura cu ierburi, piper negru şi sare. Preîncălziţi oala instantanee la setarea Sote şi turnaţi uleiul. Odată încălzit, amestecaţi carnea de vită şi prăjiţi până se rumeneşte pe toate părţile. Adăugaţi ingredientele rămase; amestecaţi uşor.

Închideţi ermetic şi gătiţi la foc mare la setare manuală timp de 40 de minute. Eliberaţi presiunea în mod natural, aproximativ 10 minute. Acoperiţi friptura de vită şi puneţi-le pe platourile de servire, feliaţi şi serviţi.

Nutriţie (pentru 100g):542 calorii 11,2 g grăsimi 8,7 g carbohidraţi 55,2 g proteine 710 mg sodiu

Cotlete de porc şi sos de roşii

Timp de preparare: 10 minute

timp de gătit: 20 de minute

Porţii: 4

Nivel de dificultate: Uşor

Ingrediente:

- 4 cotlete de porc, dezosate
- 1 lingura sos de soia
- ¼ lingurita ulei de susan
- 1 cană şi jumătate de pastă de tomate
- 1 ceapa galbena
- 8 ciuperci, feliate

directii:

Se amestecă cotletele de porc cu sosul de soia şi uleiul de susan într-un castron, se amestecă şi se lasă să stea 10 minute. Setaţi oala instantanee în modul sote, adăugaţi cotlete de porc şi rumeniţi timp de 5 minute pe fiecare parte. Amestecaţi ceapa şi gătiţi încă 1-2 minute. Adăugaţi pasta de roşii şi ciupercile, amestecaţi, acoperiţi şi gătiţi la foc mare timp de 8-9 minute. Se pune totul pe farfurii si se serveste. Bucuraţi-vă!

Nutriţie (pentru 100g):300 calorii 7 g grăsimi 18 g carbohidraţi 4 g proteine 801 mg sodiu

Pui cu sos de capere

Timp de preparare: 10 minute

timp de gătit: 18 minute

Porții: 5

Dificultate: greu D

Ingrediente:

- <u>Pentru pui:</u>
- 2 oua
- Sare si piper negru macinat dupa nevoie
- 1 cană pesmet uscat
- 2 linguri ulei de masline
- 1½ kilograme de piept de pui fără piele și dezosat, aluat până la „grosimea în centimetri și tăiat în bucăți"
- <u>Pentru sosul de capere:</u>
- 3 linguri capere
- ½ cană de vin alb sec
- 3 linguri lămâie suc proaspăt de lămâie
- Sare si piper negru macinat dupa nevoie
- 2 linguri patrunjel proaspat, tocat

directii:

Pentru pui: într-un castron puțin adânc, adăugați ouăle, sarea și piperul negru și bateți până se omogenizează bine. Într-un alt bol puțin adânc, adăugați pesmet. Înmuiați bucățile de pui în amestecul de ouă, apoi ungeți uniform cu pesmet. Scuturați excesul de pesmet.

Încinge uleiul la foc mediu-mare și gătește bucățile de pui timp de aproximativ 5-7 minute pe fiecare parte sau până când se dorește. Cu o lingura cu fanta asezam bucatile de pui pe o farfurie tapetata cu hartie de bucatarie. Acoperiți bucățile de pui cu o bucată de folie pentru a le menține calde.

În aceeași tigaie, adăugați toate ingredientele pentru sos, cu excepția pătrunjelului și gătiți, amestecând continuu, timp de aproximativ 2-3 minute. Se amestecă pătrunjelul și se scoate de pe aragaz. Serviți bucățile de pui acoperite cu sos de capere.

Nutriție (pentru 100g):352 calorii 13,5 g grăsimi 1,9 g carbohidrați 1,2 g proteine 741 mg sodiu

Burger de curcan cu salsa de mango

Timp de preparare: 15 minute

timp de gătit: 10 minute

Porții: 6

Nivel de dificultate: Ușor

Ingrediente:

- 1½ kg piept de curcan măcinat
- 1 lingurita sare de mare, impartita
- ¼ de lingurita piper negru proaspat macinat
- 2 linguri ulei de masline extravirgin
- 2 mango, decojite, fără sămânță și tăiate cubulețe
- ½ ceapa rosie, tocata marunt
- suc de 1 lime
- 1 cățel de usturoi, tocat
- ½ ardei jalapeño, fără semințe și tocat mărunt
- 2 linguri de frunze proaspete de coriandru tocate

directii:

Din piept de curcan se formează 4 chifteluțe și se condimentează cu ½ linguriță de sare de mare și piper. Încinge uleiul de măsline într-o tigaie antiaderentă până strălucește. Adăugați chiftelele de curcan și gătiți până se rumenesc, aproximativ 5 minute pe parte. În timp ce se gătesc chiftelele, combinați mango, ceapa roșie, sucul de lămâie, usturoiul, jalapeño, coriandru și ½ linguriță de sare de mare rămasă într-un castron mic. Turnați salsa peste chiftele de curcan și serviți.

Nutriție (pentru 100g):384 calorii 3 g grăsimi 27 g carbohidrați 34 g proteine 692 mg sodiu

Piept de curcan prăjit în ierburi

Timp de preparare: 15 minute

timp de gătit: 1 ½ oră (plus 20 de minute timp de odihnă)

Porții: 6

Nivel de dificultate: mediu

Ingrediente:

- 2 linguri ulei de masline extravirgin
- 4 catei de usturoi, tocati
- coaja de 1 lamaie
- 1 lingura frunze de cimbru proaspat tocate
- 1 lingura frunze proaspete de rozmarin tocate
- 2 linguri de frunze de pătrunjel italian proaspăt tocate
- 1 lingurita mustar macinat
- 1 lingurita sare de mare
- ¼ de lingurita piper negru proaspat macinat
- 1 (6 livre) piept de curcan dezosat cu piele
- 1 cană de vin alb sec

directii:

Preîncălziți cuptorul la 325°F. Amestecați uleiul de măsline, usturoiul, coaja de lămâie, cimbru, rozmarin, pătrunjel, muştar, sare de mare şi piper. Întindeți pieptul de curcan uniform cu amestecul de ierburi, desfaceți pielea şi frecați şi dedesubt. Pune pieptul de curcan cu pielea în sus într-o tigaie pe un grătar.

Se toarnă vinul în tigaie. Se prăjește până când curcanul atinge o temperatură internă de 165 de grade F, 1 până la 1 oră și jumătate. Se scoate din cuptor si se tine la cald separat cu folie de aluminiu timp de 20 de minute inainte de a feli.

Nutriție (pentru 100g):392 calorii 1 g grăsime 2 g carbohidrați 84 g proteine 741 mg sodiu

Cârnați de pui și ardei

Timp de preparare: 10 minute

timp de gătit: 20 de minute

Porții: 6

Nivel de dificultate: mediu

Ingrediente:

- 2 linguri ulei de masline extravirgin
- 6 legături cu cârnați de pui italian
- 1 ceapă
- 1 ardei rosu
- 1 ardei verde
- 3 catei de usturoi, tocati
- ½ cană de vin alb sec
- ½ linguriță sare de mare
- ¼ de lingurita piper negru proaspat macinat
- Un praf de fulgi de ardei rosu

directii:

Încinge uleiul de măsline într-o tigaie mare până când strălucește. Adăugați cârnații și gătiți, întorcându-le ocazional, până când se rumenesc și atinge o temperatură internă de 165 ° F, 5 până la 7 minute. Folosiți clești pentru a scoate cârnații din tigaie și păstrați-l la cald pe o farfurie acoperită cu folie de aluminiu.

Aduceţi tigaia la aragaz şi amestecaţi ceapa, ardeiul roşu şi ardeiul verde. Gatiti, amestecand din cand in cand, pana cand legumele incep sa se rumeneasca. Adăugaţi usturoiul şi gătiţi timp de 30 de secunde, amestecând continuu.

Se amestecă vinul, sarea de mare, piperul şi fulgii de ardei roşu. Scoateţi bucăţile rumenite de pe fundul tigaii şi pliaţi-le dedesubt. Se fierbe, amestecând, încă 4 minute, până când lichidul s-a redus la jumătate. Presarati ardeii peste carnati si serviti.

Nutriţie (pentru 100g):173 calorii 1 g grăsime 6 g carbohidraţi 22 g proteine 582 mg sodiu

Pui Piccata

Timp de preparare: 10 minute

timp de gătit: 15 minute

Porții: 6

Nivel de dificultate: mediu

Ingrediente:

- ½ cană făină integrală
- ½ linguriță sare de mare
- 1/8 lingurita piper negru proaspat macinat
- 1½ kg piept de pui, tăiat în 6 bucăți
- 3 linguri ulei de masline extravirgin
- 1 cană bulion de pui nesărat
- ½ cană de vin alb sec
- suc de 1 lămâie
- coaja de 1 lamaie
- ¼ cană capere, scurse și clătite
- ¼ cană frunze de pătrunjel proaspăt tocate

directii:

Într-un castron puțin adânc, amestecați făina, sarea de mare și piperul. Pieptănați puiul în făină și îndepărtați excesul. Gatiti uleiul de masline pana cand straluceste.

Adăugați puiul și gătiți până se rumenește, aproximativ 4 minute pe fiecare parte. Scoateți puiul din tigaie și lăsați-l deoparte, acoperit cu folie de aluminiu pentru a se menține cald.

Puneți tigaia pe foc și adăugați bulionul, vinul, zeama de lămâie, coaja de lămâie și caperele. Folosind partea unei linguri, îndoiți bucățile rumenite de pe fundul tigaii. Se fierbe până când lichidul se îngroașă. Luați tigaia de pe foc și luați puiul înapoi în tigaie. Întoarce-te la haină. Se amestecă pătrunjelul și se servește.

Nutriție (pentru 100g):153 calorii 2 g grăsimi 9 g carbohidrați 8 g proteine 692 mg sodiu

Pui toscan la tigaie

Timp de preparare: 10 minute

timp de gătit: 25 de minute

Porții: 6

Dificultate: greu D

Ingrediente:

- ¼ cană ulei de măsline extravirgin, împărțit
- 1 kilogram de piept de pui dezosat și fără piele, tăiat în bucăți de -inch
- 1 ceapa, tocata
- 1 ardei gras rosu, tocat
- 3 catei de usturoi, tocati
- ½ cană de vin alb sec
- 1 conserve (14 uncii) de roșii piure, nescurcate
- 1 cutie (14 uncii) de roșii tocate, scurse
- 1 conserve (14 uncii) de fasole, scursă
- 1 lingura condimente italiene uscate
- ½ linguriță sare de mare
- 1/8 lingurita piper negru proaspat macinat
- 1/8 linguriță fulgi de ardei roșu
- ¼ cană frunze de busuioc proaspăt tocate

directii:

Gatiti 2 linguri de ulei de masline pana cand straluceste. Se amestecă puiul şi se prăjeşte până se rumeneşte. Scoateţi puiul din tigaie şi păstraţi-l cald pe o farfurie acoperită cu folie de aluminiu.

Pune tigaia din nou pe foc si incinge uleiul de masline ramas. Adăugaţi ceapa şi ardeiul roşu. Gatiti, amestecand rar, pana cand legumele sunt fragede. Adăugaţi usturoiul şi gătiţi timp de 30 de secunde, amestecând continuu.

Se amestecă vinul şi se foloseşte partea laterală a lingurii pentru a îndepărta orice bucăţi rumenite de pe fundul cratiţei. Gatiti 1 minut in timp ce amestecati.

Se amestecă roşiile piure şi tocate, fasolea, condimentele italiene, sare de mare, piper şi fulgi de ardei roşu. Fierbe. Gatiti 5 minute, amestecand din cand in cand.

Puneţi puiul şi toate sucurile care s-au adunat în tigaie. Gatiti pana cand puiul este gata. Se ia de pe foc si se amesteca busuiocul inainte de servire.

Nutriţie (pentru 100g):271 calorii 8 g grăsimi 29 g carbohidraţi 14 g proteine 596 mg sodiu

Pui Kapama

Timp de preparare: 10 minute

Timp de preparare: 2 ore

Porţii: 4

Nivel de dificultate: mediu

Ingrediente:

- 1 cutie (32 uncii) de roşii tocate, scurse
- ¼ cană vin alb sec
- 2 linguri pasta de rosii
- 3 linguri ulei de masline extravirgin
- ¼ de linguriţă fulgi de ardei roşu
- 1 linguriţă de ienibahar măcinat
- ½ linguriţă de oregano uscat
- 2 cuişoare întregi
- 1 baton de scortisoara
- ½ linguriţă sare de mare
- 1/8 lingurita piper negru proaspat macinat
- 4 jumătăţi de piept de pui dezosate şi fără piele

directii:

Într-o cratiţă mare, combinaţi roşiile, vinul, pasta de roşii, uleiul de măsline, fulgii de ardei roşu, ienibaharul, oregano, cuişoare, baton de scorţişoară, sare de mare şi piper. Aduceţi la fiert, amestecând din când în când. Se fierbe timp de 30 de minute, amestecând din când în când. Scoateţi şi aruncaţi cuişoarele întregi şi batonul de scorţişoară din sos şi lăsaţi sosul să se răcească.

Preîncălziţi cuptorul la 350°F. Pune puiul într-o tavă de 9 x 13 inci. Turnaţi sosul peste pui şi acoperiţi tava cu folie de aluminiu. Continuaţi coacerea până când temperatura internă atinge 165°F.

Nutriţie (pentru 100g):220 calorii 3 g grăsimi 11 g carbohidraţi 8 g proteine 923 mg sodiu

Piept de pui umplut cu spanac si feta

Timp de preparare: 10 minute

timp de gătit: 45 de minute

Porții: 4

Nivel de dificultate: mediu

Ingrediente:

- 2 linguri ulei de masline extravirgin
- 1 kilogram de spanac proaspăt
- 3 catei de usturoi, tocati
- coaja de 1 lamaie
- ½ linguriță sare de mare
- 1/8 lingurita piper negru proaspat macinat
- ½ cană brânză feta mărunțită
- 4 piept de pui dezosați și fără piele

directii:

Preîncălziți cuptorul la 350°F. Gatiti uleiul de masline la foc mediu pana cand straluceste. Adăugați spanacul. Continuați să gătiți și să amestecați până când se ofilește.

Se amestecă usturoiul, coaja de lămâie, sarea de mare și piperul. Gatiti 30 de secunde, amestecand continuu. Se lasa sa se raceasca putin si se amesteca cu branza.

Întindeți uniform amestecul de spanac și brânză peste bucățile de pui și rulați pieptul în jurul umpluturii. Păstrați sigilat cu scobitori sau sfoară de măcelar. Puneți piepții într-o caserolă de 9 x 13 inci și coaceți 30 până la 40 de minute sau până când puiul are o temperatură internă de 165F. Scoateți din cuptor și lăsați să se odihnească 5 minute înainte de a tăia și servi.

Nutriție (pentru 100g):263 calorii 3 g grăsimi 7 g carbohidrați 17 g proteine 639 mg sodiu

Pulpe de pui la cuptor cu rozmarin

Timp de preparare: 5 minute

Timp de gătire: 1 oră

Porții: 6

Nivel de dificultate: Uşor

Ingrediente:

- 2 linguri de frunze proaspete de rozmarin tocate
- 1 lingurita praf de usturoi
- ½ linguriță sare de mare
- 1/8 lingurita piper negru proaspat macinat
- coaja de 1 lamaie
- 12 tobe de pui

directii:

Preîncălziți cuptorul la 350°F. Se amestecă rozmarinul, pudra de usturoi, sarea de mare, piperul şi coaja de lămâie.

Puneți bețișoarele într-o tavă de copt de 9" x 13" şi stropiți cu amestecul de rozmarin. Coaceți până când puiul a atins o temperatură internă de 165 ° F.

Nutriție (pentru 100g):163 calorii 1 g grăsime 2 g carbohidrați 26 g proteine 633 mg sodiu

Pui cu ceapa, cartofi, smochine si morcovi

Timp de preparare: 5 minute

timp de gătit: 45 de minute

Porții: 4

Nivel de dificultate: mediu

Ingrediente:

- 2 căni de cartofi fingerling, tăiați la jumătate
- 4 smochine proaspete, tăiate în sferturi
- 2 morcovi, tăiați în juliană
- 2 linguri ulei de masline extravirgin
- 1 lingurita sare de mare, impartita
- ¼ de lingurita piper negru proaspat macinat
- 4 sferturi de pulpe de pui
- 2 linguri frunze de patrunjel proaspat tocate

directii:

Preîncălziți cuptorul la 425°C. Într-un castron mic, aruncați cartofii, smochinele și morcovii cu ulei de măsline, ½ linguriță sare de mare și piper. Se întinde într-o caserolă de 9 x 13 inci.

Asezonați puiul cu restul de sare de mare. Pune-l pe legume. Coaceți până când legumele sunt fragede și puiul atinge o temperatură internă de 165°F. Se presara patrunjel si se serveste.

Nutriție (pentru 100g):429 calorii 4 g grăsimi 27 g carbohidrați 52 g proteine 581 mg sodiu

Gyros de pui cu tzatziki

Timp de preparare: 15 minute

timp de gătit: 1 oră și 20 de minute

Porții: 6

Nivel de dificultate: mediu

Ingrediente:

- 1 kg piept de pui măcinat
- 1 ceapa rasa rasa cu apa in exces
- 2 linguri rozmarin uscat
- 1 lingura maghiran uscat
- 6 catei de usturoi, tocati
- ½ linguriță sare de mare
- ¼ de lingurita piper negru proaspat macinat
- Sos tzatziki

directii:

Preîncălziți cuptorul la 350°F. Într-un robot de bucătărie, combinați puiul, ceapa, rozmarinul, maghiranul, usturoiul, sarea de mare și piperul. Se amestecă până când amestecul formează o pastă. Alternativ, amestecați bine aceste ingrediente într-un castron (vezi sfatul de preparare).

Presă amestecul într-o tavă de pâine. Coaceți până ajunge la temperatura internă de 165 de grade. Scoateți din cuptor și lăsați să se odihnească 20 de minute înainte de a tăia felii.

Tăiați gyros-urile și turnați peste ele sosul tzatziki.

Nutriție (pentru 100g):289 calorii 1 g grăsime 20 g carbohidrați 50 g proteine 622 mg sodiu

musaca

Timp de preparare: 10 minute

timp de gătit: 45 de minute

Porții: 8

Dificultate: greu D

Ingrediente:

- 5 linguri ulei de măsline extravirgin, împărțit
- 1 vinete, feliată (necurățată)
- 1 ceapa, tocata
- 1 ardei gras verde, fara samburi si tocat
- 1 kilogram de curcan măcinat
- 3 catei de usturoi, tocati
- 2 linguri pasta de rosii
- 1 cutie (14 uncii) de roșii tocate, scurse
- 1 lingura condimente italiene
- 2 lingurite sos Worcestershire
- 1 lingurita oregano uscat
- ½ lingurita de scortisoara macinata
- 1 cană de iaurt grecesc simplu, fără grăsimi, neîndulcit
- 1 ou, batut
- ¼ de lingurita piper negru proaspat macinat
- ¼ lingurita de nucsoara macinata
- ¼ cană parmezan ras
- 2 linguri frunze de patrunjel proaspat tocate

directii:

Preîncălziți cuptorul la 400°C. Gatiti 3 linguri de ulei de masline pana cand straluceste. Adăugați feliile de vinete și căleți timp de 3 până la 4 minute pe fiecare parte. Transferați pe hârtie de bucătărie pentru a se scurge.

Puneti tigaia din nou pe foc si turnati restul de 2 linguri de ulei de masline. Adăugați ceapa și ardeiul verde. Continuați să gătiți până când legumele sunt moi. Scoateți din tigaie și lăsați deoparte.

Pune tigaia pe foc si amesteca curcanul. Se prăjește aproximativ 5 minute, se sfărâmă cu o lingură până se rumenește. Se amestecă usturoiul și se călește timp de 30 de secunde, amestecând continuu.

Se amestecă pasta de roșii, roșiile, condimente italiene, sosul Worcestershire, oregano și scorțișoară. Întoarceți ceapa și ardeii în tigaie. Gatiti 5 minute in timp ce amestecati. Amestecați iaurtul, oul, ardeiul, nucșoara și brânza.

Aranjați jumătate din amestecul de carne într-o caserolă de 9 x 13 inci. Acoperiți cu jumătate de vinete. Adăugați amestecul de carne rămas și vinetele rămase. Se unge cu amestecul de iaurt. Coaceți până se rumenesc. Se orneaza cu patrunjel si se serveste.

Nutriție (pentru 100g):338 calorii 5 g grăsimi 16 g carbohidrați 28 g proteine 569 mg sodiu

Muschiu de porc din Dijon si ierburi

Timp de preparare: 10 minute

timp de gătit: 30 minute

Porții: 6

Nivel de dificultate: mediu

Ingrediente:

- ½ cană frunze de pătrunjel italian proaspăt, tocate
- 3 linguri frunze proaspete de rozmarin, tocate
- 3 linguri frunze de cimbru proaspăt, tocate
- 3 linguri muștar de Dijon
- 1 lingura ulei de masline extravirgin
- 4 catei de usturoi, tocati
- ½ linguriță sare de mare
- ¼ de lingurita piper negru proaspat macinat
- 1 (1½ kilograme) muschi de porc

directii:

Preîncălziți cuptorul la 400°C. Amesteca patrunjelul, rozmarinul, cimbrul, mustarul, uleiul de masline, usturoiul, sare de mare si piper. Bateți ușor timp de aproximativ 30 de secunde. Întindeți amestecul uniform peste carnea de porc și puneți-l pe o tavă de copt cu margine.

Coaceți până când carnea atinge o temperatură internă de 140 ° F. Scoateți din cuptor și lăsați să se odihnească 10 minute înainte de a tăia și servi.

Nutriție (pentru 100g):393 calorii 3 g grăsimi 5 g carbohidrați 74 g proteine 697 mg sodiu

Friptură cu sos de ciuperci de vin roşu

timp de pregatire: Minute plus 8 ore pentru a marina

timp de gătit: 20 de minute

Porţii: 4

Dificultate: greu D

Ingrediente:

- Pentru marinată şi friptură
- 1 cană de vin roşu sec
- 3 catei de usturoi, tocati
- 2 linguri ulei de masline extravirgin
- 1 lingură sos de soia cu conţinut scăzut de sodiu
- 1 lingura de cimbru uscat
- 1 lingurita mustar de Dijon
- 2 linguri ulei de masline extravirgin
- 1 până la 1½ kilograme de friptură, friptură de fier plat sau friptură cu trei vârfuri
- Pentru sosul de ciuperci
- 2 linguri ulei de masline extravirgin
- 1 kg de ciuperci cremini, tăiate în sferturi
- ½ linguriţă sare de mare
- 1 lingurita de cimbru uscat
- 1/8 lingurita piper negru proaspat macinat
- 2 catei de usturoi, tocati

- 1 cană de vin roşu sec

directii:

Pentru marinată şi friptură

Într-un castron mic, amestecaţi vinul, usturoiul, uleiul de măsline, sosul de soia, cimbrul şi muştarul. Puneţi într-o pungă resigibilă şi adăugaţi friptura. Daţi friptura la frigider pentru 4 până la 8 ore pentru a o marina. Scoateţi friptura din marinată şi uscaţi-o cu prosoape de hârtie.

Încinge uleiul de măsline într-o tigaie mare până când străluceşte.

Puneţi friptura şi gătiţi până când se rumeneşte adânc pe fiecare parte şi friptura atinge o temperatură internă de 140 ° F, aproximativ 4 minute pe parte. Scoateţi friptura din tigaie şi puneţi-o pe o farfurie acoperită cu folie de aluminiu pentru a se menţine caldă în timp ce pregătiţi sosul de ciuperci.

Când sosul de ciuperci este gata, tăiaţi friptura împotriva bobului în felii de ½ inch.

Pentru sosul de ciuperci

Fierbeţi uleiul în aceeaşi tigaie la foc mediu. Adăugaţi ciupercile, sare de mare, cimbru şi piper. Gatiti, amestecand foarte rar, pana cand ciupercile se rumenesc, 6 minute.

Prăjiţi usturoiul. Amestecaţi vinul şi folosiţi partea unei linguri de lemn pentru a îndepărta orice bucăţi rumenite de pe fundul cratiței. Gatiti pana cand lichidul scade la jumatate. Serviți ciupercile cu lingura peste friptură.

Nutriție (pentru 100g):405 calorii 5 g grăsimi 7 g carbohidrați 33 g proteine 842 mg sodiu

chiftele greceşti

Timp de preparare: 20 minute

timp de gătit: 25 de minute

Porţii: 4

Nivel de dificultate: mediu

Ingrediente:

- 2 felii de paine integrala
- 1¼ de kilograme de curcan măcinat
- 1 ou
- ¼ cană pesmet de grâu integral condimentat
- 3 catei de usturoi, tocati
- ¼ ceapa rosie, rasa
- ¼ cană frunze de pătrunjel italian proaspăt tocate
- 2 linguri frunze de menta proaspata tocate
- 2 linguri de frunze proaspete de oregano tocate
- ½ linguriţă sare de mare
- ¼ de lingurita piper negru proaspat macinat

directii:

Preîncălziţi cuptorul la 350°F. Pune hârtie de copt sau folie de aluminiu pe tava de copt. Pune pâinea sub apă pentru a o umezi şi stoarce orice exces de pâine. Rupeţi pâinea umedă în bucăţi mici şi puneţi-o într-un castron mediu.

Adăugați curcan, ou, pesmet, usturoi, ceapă roșie, pătrunjel, mentă, oregano, sare de mare și piper. Amesteca bine. Modelați amestecul în bile de 1/4 de cană. Puneți chiftelele pe foaia pregătită și coaceți aproximativ 25 de minute sau până când temperatura internă atinge 165°F.

Nutriție (pentru 100g):350 calorii 6 g grăsimi 10 g carbohidrați 42 g proteine 842 mg sodiu

Miel cu fasole

Timp de preparare: 10 minute

Timp de gătire: 1 oră

Porții: 6

Dificultate: greu D

Ingrediente:

- ¼ cană ulei de măsline extravirgin, împărțit
- 6 cotlete de miel, tăiate din exces de grăsime
- 1 lingurita sare de mare, impartita
- ½ linguriță piper negru proaspăt măcinat
- 2 linguri pasta de rosii
- 1½ cani de apa fierbinte
- 1 kilogram de fasole verde, tăiată și tăiată la jumătate în cruce
- 1 ceapa, tocata
- 2 rosii, tocate

directii:

Într-o tigaie mare, gătiți 2 linguri de ulei de măsline până când strălucește. Condimentează cotletele de miel cu ½ linguriță sare de mare și 1/8 linguriță piper. Se prăjește mielul în ulei încins timp de aproximativ 4 minute pe fiecare parte până se rumenește pe ambele părți. Așezați carnea pe un platou și lăsați-o deoparte.

Puneti tigaia din nou pe foc si adaugati restul de 2 linguri de ulei de masline. Se încălzește până când strălucește.

Într-un bol, topiți pasta de roșii în apă fierbinte. Adăugați în tigaia fierbinte împreună cu fasolea verde, ceapa, roșiile și ½ linguriță de sare de mare rămasă și ¼ de linguriță de piper. Aduceți la fiert și folosiți partea unei linguri pentru a răzui bucățile rumenite de pe fundul tigaii.

Întoarceți cotletele de miel în tigaie. Aduceți la fierbere și dați focul la mediu-mic. Se fierbe timp de 45 de minute până când fasolea este fragedă, adăugând apă suplimentară după cum este necesar pentru a regla grosimea sosului.

Nutriție (pentru 100g):439 calorii 4 g grăsimi 10 g carbohidrați 50 g proteine 745 mg sodiu

Pui în sos balsamic de roșii

Timp de preparare: 10 minute

timp de gătit: 20 de minute

Porții: 4

Nivel de dificultate: mediu

ingrediente

- 2 (8 oz sau 226,7 g fiecare) piept de pui dezosat și fără piele
- ½ linguriță. Sare-
- ½ linguriță. piper măcinat
- 3 linguri. Ulei de măsline extra virgin
- ½ c. roșii cherry tăiate în jumătate
- 2 linguri. eșalotă feliată
- ¼ c. oțet balsamic
- 1 lingura. usturoi tocat
- 1 lingura. semințe de fenicul prăjite, zdrobite
- 1 lingura. unt

directii:

Tăiați pieptul de pui în 4 bucăți și bateți cu un ciocan până la ¼ inch grosime. Folosiți ¼ de linguriță de piper și sare pentru a unge puiul. Încinge două linguri de ulei într-o tigaie și ține focul la mediu. Prăjiți pieptul de pui timp de trei minute pe ambele părți. Se aseaza pe un platou de servire si se acopera cu folie pentru a se mentine la cald.

Într-o tigaie se adaugă 1 lingură de ulei, şalota şi roşiile şi se fierbe până se înmoaie. Adăugaţi oţet şi gătiţi amestecul până când oţetul scade la jumătate. Adăugaţi seminţele de fenicul, usturoiul, sare şi piper şi gătiţi aproximativ patru minute. Scoateţi de pe aragaz şi amestecaţi cu untul. Turnaţi acest sos peste pui şi serviţi.

Nutriţie (pentru 100g):294 calorii 17 g grăsimi 10 g carbohidraţi 2 g proteine 639 mg sodiu

Orez brun, feta, mazăre proaspătă și salată de mentă

Timp de preparare: 10 minute

timp de gătit: 25 de minute

Porții: 4

Nivel de dificultate: Ușor

Ingrediente:

- 2 c. orez brun
- 3 c. apă
- Sare
- 5 uncii. sau 141,7 g brânză feta mărunțită
- 2 c. mazăre fiartă
- ½ c. menta tocata, proaspata
- 2 linguri. ulei de masline
- sare si piper

directii:

Puneti orezul brun, apa si sarea intr-o cratita la foc mediu-mare, acoperiti si aduceti la fiert. Reduceți focul mai mic şi lăsaţi-l să fiarbă până când apa s-a dizolvat şi orezul este moale, dar mestecat. Se lasa sa se raceasca complet

Puneti feta, mazarea, menta, uleiul de masline, sare si piper intr-un castron de salata cu orezul racit si amestecati. Serviţi şi bucuraţi-vă!

Nutriţie (pentru 100g):613 calorii 18,2 g grăsimi 45 g carbohidraţi 12 g proteine 755 mg sodiu

Pâine pita integrală umplută cu măsline şi năut

Timp de preparare: 10 minute

timp de gătit: 20 de minute

Porţii: 2

Nivel de dificultate: mediu

Ingrediente:

- 2 buzunare de pita de grau integral
- 2 linguri. ulei de masline
- 2 catei de usturoi, tocati
- 1 ceapa, tocata
- ½ linguriţă. chimion
- 10 masline negre, tocate
- 2 c. năut fiert
- sare si piper

directii:

Se taie buzunarele de pita si se lasa deoparte, se pune focul pe mediu-mare si se pune o tigaie. Adăugaţi ulei de măsline şi încălziţi. Adăugaţi usturoiul, ceapa şi chimenul în tigaia fierbinte şi amestecaţi în timp ce ceapa se înmoaie şi chimenul devine parfumat. Adăugaţi măslinele, năutul, sare şi piper şi amestecaţi până când năutul devine auriu

Luați tigaia de pe foc și folosiți lingura de lemn pentru a piure grosolan năutul, lăsând pe unii intacte și pe alții piure. Reîncălziți-vă buzunarele de pita în cuptorul cu microunde, cuptorul sau într-o tigaie curată pe plită

Umple-le cu amestecul tău de năut și bucură-te!

Nutriție (pentru 100g):503 calorii 19 g grăsimi 14 g carbohidrați 15,7 g proteine 798 mg sodiu

Morcovi prajiti cu nuca si fasole cannellini

Timp de preparare: 10 minute

timp de gătit: 45 de minute

Porții: 4

Nivel de dificultate: mediu

Ingrediente:

- 4 morcovi decojiti, tocati
- 1 c. nuci
- 1 lingura. Miere
- 2 linguri. ulei de masline
- 2 c. Fasole cannellini, scursa
- 1 crenguță proaspătă de cimbru
- sare si piper

directii:

Preîncălziți cuptorul la 400F/204C și tapetați o foaie de copt sau o tavă cu hârtie de copt.Puneți morcovii și nucile pe tava sau tava tapetată cu pergament.Stropiți morcovii și nucile cu ulei de măsline și miere, frecând pentru a vă asigura că fiecare bucată este acoperită.Presărați fasolea. pe tavă și se cuibără în morcovi și nuci

Se adauga cimbrul si se presara totul cu sare si piper. Introdu tava la cuptor si coacem aproximativ 40 de minute.

Serviți și savurați

Nutriție (pentru 100g):385 calorii 27 g grăsimi 6 g carbohidrați 18 g proteine 859 mg sodiu

Pui cu unt condimentat

Timp de preparare: 10 minute

timp de gătit: 25 de minute

Porţii: 4

Nivel de dificultate: mediu

Ingrediente:

- ½ c. Frisca grasa
- 1 lingura. Sare
- ½ c. bulion de oase
- 1 lingura. piper
- 4 linguri. unt
- 4 jumătăţi de piept de pui

directii:

Pune tigaia pe aragaz la foc mediu-mare si adauga o lingura de unt. Odată ce untul este cald şi topit, adăugaţi puiul şi gătiţi pe ambele părţi timp de cinci minute. Până la sfârşitul acestui timp, puiul ar trebui să fie gătit şi auriu; Dacă acesta este cazul, puneţi-l pe o farfurie.

Apoi, adăugaţi bulionul de oase în tigaia caldă. Adăugaţi smântână groasă, sare şi piper. Apoi lăsaţi tigaia în pace până când sosul începe să fiarbă. Lăsaţi acest proces să dureze cinci minute pentru a permite sosului să se îngroaşe.

În cele din urmă, vei adăuga restul de unt și pui înapoi în tigaie. Asigurați-vă că folosiți o lingură pentru a turna sosul peste pui și a-l înăbuși complet. A servi

Nutriție (pentru 100g):350 calorii 25 g grăsimi 10 g carbohidrați 25 g proteine 869 mg sodiu

Pui dublu cheesy bacon

Timp de preparare: 10 minute

timp de gătit: 30 minute

Porții: 4

Nivel de dificultate: Uşor

Ingrediente:

- 4 uncii. sau 113 g. cremă de brânză
- 1 c. Brânză Cheddar
- 8 fasii de bacon
- sare de mare
- piper
- 2 catei de usturoi, tocati marunt
- Piept de pui
- 1 lingura. grăsime de slănină sau unt

directii:

Pregătiți cuptorul la 400 F/204 C. Taiati pieptul de pui in jumatate pentru a-i subtie

Se condimenteaza cu sare, piper si usturoi.Se unge cu unt o caserola si se pune piept de pui in ea. Presarati crema de branza si branza cheddar peste piept

Se adauga si feliile de bacon.Se da tava la cuptor pentru 30 de minute.Se serveste fierbinte

Nutriție (pentru 100g):610 calorii 32 g grăsimi 3 g carbohidrați 38 g proteine 759 mg sodiu

Creveți cu lămâie și piper

Timp de preparare: 10 minute

timp de gătit: 10 minute

Porții: 4

Nivel de dificultate: Ușor

Ingrediente:

- 40 de creveți devenați, decojiți
- 6 catei de usturoi, tocati
- sare si piper negru
- 3 linguri. ulei de masline
- ¼ linguriță. ardei dulci
- Un praf de fulgi de ardei rosu macinati
- ¼ linguriță. coaja de lamaie rasa
- 3 linguri. Sherry sau orice alt vin
- 1½ linguriță. arpagic feliat
- suc de 1 lămâie

directii:

Setați căldura la mediu-mare și puneți o tigaie.

Adăugați ulei și creveți, stropiți cu piper și sare și gătiți timp de 1 minut. Adăugați boia de ardei, usturoiul și fulgii de piper, amestecați și gătiți timp de 1 minut. Se amestecă ușor sherry și se fierbe încă un minut

Luați creveții de pe foc, adăugați arpagicul și coaja de lămâie, amestecați și împărțiți creveții în farfurii. Stropiți totul cu suc de lămâie și serviți

Nutriție (pentru 100g): 140 calorii 1 g grăsime 5 g carbohidrați 18 g proteine 694 mg sodiu

Halibut pane si condimentat

Timp de preparare: 5 minute

timp de gătit: 25 de minute

Porții: 4

Nivel de dificultate: Uşor

Ingrediente:

- ¼ c. arpagic proaspăt tocat
- ¼ c. mărar proaspăt tocat
- ¼ linguriță. piper negru
- c. Pesmet Panko
- 1 lingura. Ulei de măsline extra virgin
- 1 lingurita. coaja de lamaie rasa fin
- 1 lingurita. sare de mare
- 1/3 c. patrunjel proaspat tocat
- 4 (170 g fiecare) fileuri de halibut

directii:

Într-un castron mediu, amestecați uleiul de măsline și
ingredientele rămase, cu excepția fileurilor de halibut și a
pesmetului

Adăugați fileuri de halibut la amestec și marinați timp de 30 de
minute. Preîncălziți cuptorul la 400 ° F. Tapetați tava de copt cu
folie și ungeți cu spray de gătit. Înmuiați fileurile în pesmet și
puneți-le pe tava de copt. Se fierbe la cuptor timp de 20 de minute.
Se servește fierbinte.

Nutriție (pentru 100g):667 calorii 24,5 g grăsimi 2 g carbohidrați
54,8 g proteine 756 mg sodiu

Somon curry cu muștar

Timp de preparare: 10 minute

timp de gătit: 20 de minute

Porții: 4

Nivel de dificultate: Ușor

Ingrediente:

- ¼ linguriță. ardei roșu măcinat sau praf de chilli
- ¼ linguriță. Turmeric, măcinat
- ¼ linguriță. Sare-
- 1 lingurita. Miere
- ¼ linguriță. praf de usturoi
- 2 lingurite. mustar integral
- 4 (170 g fiecare) fileuri de somon

directii:

Într-un castron, amestecați muștarul și ingredientele rămase, cu excepția somonului. Preîncălziți cuptorul la 350 F/176 C. Ungeți o tavă cu spray de gătit. Puneți somonul cu pielea în jos pe tava de copt și întindeți uniform amestecul de muștar peste fileuri

Nutriție (pentru 100g):324 calorii 18,9 g grăsimi 1,3 g carbohidrați 34 g proteine 593 mg sodiu

Nuca Rozmarin Somon

Timp de preparare: 10 minute

timp de gătit: 25 de minute

Porții: 4

Nivel de dificultate: mediu

Ingrediente:

- 1 kilogram sau 450 g. file de somon congelat fără piele
- 2 lingurite. mustar Dijon
- 1 cățel de usturoi, tocat
- ¼ linguriță. Coaja de lamaie
- ½ linguriță. Miere
- ½ linguriță. sare cușer
- 1 lingurita. rozmarin proaspăt tocat
- 3 linguri. Pesmet Panko
- ¼ linguriță. ardei rosii macinati
- 3 linguri. nuci decojite
- 2 lingurite. Ulei de măsline extra virgin

directii:

Pregătiți cuptorul la 420 F/215 C și tapetați o tavă de copt cu ramă cu hârtie de copt. Într-un castron, combinați muștarul, coaja de lămâie, usturoiul, sucul de lămâie, mierea, rozmarinul, ardeiul roșu măcinat și sarea. Într-un alt castron, amestecați nucile, panko și 1 linguriță de ulei. Pune hartie de copt pe foaia de copt si deasupra aseaza somonul

Întindeţi amestecul de muştar peste peşte şi acoperiţi cu amestecul de panko. Pulverizaţi uşor uleiul de măsline rămas pe somon. Coaceţi 10-12 minute sau până când somonul este separat de o furculiţă.Se serveşte fierbinte

Nutriţie (pentru 100g):222 calorii 12 g grăsimi 4 g carbohidraţi 0,8 g proteine 812 mg sodiu

Spaghete rapide cu roşii

Timp de preparare: 10 minute

timp de gătit: 25 de minute

Porţii: 4

Nivel de dificultate: mediu

Ingrediente:

- 8 uncii. sau 8 uncii de spaghete
- 3 linguri. ulei de masline
- 4 catei de usturoi, taiati felii
- 1 jalapeno, feliat
- 2 c. roşii cherry
- sare si piper
- 1 lingurita. oţet balsamic
- ½ c. Parmezan, ras

directii:

Fierbe o oală mare cu apă la foc mediu-mare. Se adauga un praf de sare si se aduce la fiert, apoi se adauga spaghetele. Gatiti 8 minute. În timp ce tăiţeii se gătesc, încălziţi uleiul într-o tigaie şi adăugaţi usturoiul şi jalapeno. Gatiti inca 1 minut, apoi adaugati rosiile, piperul si sarea.

Gatiti 5-7 minute pana cand coaja rosiilor se deschide.

Se adauga otetul si se ia focul. Scurge bine spaghetele si amesteca cu sosul de rosii. Se presară cu brânză şi se serveşte imediat.

Nutriție (pentru 100g):298 calorii 13,5 g grăsimi 10,5 g carbohidrați 8 g proteine 749 mg sodiu

Chili Oregano Brânză la cuptor

Timp de preparare: 10 minute

timp de gătit: 25 de minute

Porții: 4

Nivel de dificultate: Uşor

Ingrediente:

- 8 uncii. sau 8 uncii de brânză feta
- 4 uncii. sau 113g mozzarella, maruntita
- 1 ardei iute feliat
- 1 lingurita. oregano uscat
- 2 linguri. ulei de masline

directii:

Puneți brânza feta într-o cratiță mică adâncă. Acoperiți cu mozzarella şi asezonați cu felii de piper şi oregano. Acoperiți tigaia cu un capac. Coaceți în cuptorul preîncălzit la 350F/176C timp de 20 de minute. Serviți şi savurați brânza.

Nutriție (pentru 100g): 292 calorii 24,2 g grăsimi 5,7 g carbohidrați 2 g proteine 733 mg sodiu

311. Pui italian crocant

Timp de preparare: 10 minute

timp de gătit: 30 minute

Porții: 4

Nivel de dificultate: Uşor

Ingrediente:

- 4 pulpe de pui
- 1 lingurita. busuioc uscat
- 1 lingurita. oregano uscat
- sare si piper
- 3 linguri. ulei de masline
- 1 lingura. oțet balsamic

directii:

Asezonați bine puiul cu busuioc și oregano. Adăugați ulei cu o tigaie și încălziți. Pune puiul în uleiul încins. Prăjiți fiecare parte timp de 5 minute până când se rumenește, apoi acoperiți tigaia cu un capac.

Dați focul la mediu și gătiți pe o parte timp de 10 minute, apoi întoarceți puiul în mod repetat și gătiți încă 10 minute până devine crocant. Serviți și savurați puiul.

Nutriție (pentru 100g):262 calorii 13,9 g grăsimi 11 g carbohidrați 32,6 g proteine 693 mg sodiu

Biban de mare în buzunar

Timp de preparare: 10 minute

timp de gătit: 25 de minute

Porții: 4

Nivel de dificultate: mediu

Ingrediente:

- 4 file de biban de mare
- 4 catei de usturoi feliati
- 1 tulpină de țelină, feliată
- 1 dovlecel feliat
- 1 c. roșii cherry înjumătățite
- 1 șalotă, feliată
- 1 lingurita. oregano uscat
- sare si piper

directii:

Amesteca intr-un castron usturoiul, telina, dovlecelul, rosiile, salota si oregano. Asezonați cu sare și piper. Luați 4 foi de hârtie de copt și așezați-le pe suprafața de lucru. Așezați amestecul de legume în centrul fiecărei frunze.

Acoperiți cu un file de pește și înfășurați strâns hârtia, astfel încât să semene cu o pungă. Puneți peștele învelit pe o foaie de copt și gătiți într-un cuptor preîncălzit la 350 F/176 C timp de 15 minute. Serveşte peştele cald şi proaspăt.

Nutriție (pentru 100g):149 calorii 2,8 g grăsimi 5,2 g carbohidrați 25,2 g proteine 696 mg sodiu

Paste cremoase cu somon afumat

Timp de preparare: 5 minute

timp de gătit: 35 de minute

Porţii: 4

Nivel de dificultate: mediu

Ingrediente:

- 2 linguri. ulei de masline
- 2 catei de usturoi, tocati
- 1 şalotă, tocată
- 4 uncii. sau 113 g somon tocat, afumat
- 1 c. Mazăre
- 1 c. frisca
- sare si piper
- 1 praf fulgi de chili
- 8 uncii. sau 230 g paste penne
- 6 c. apă

directii:

Pune tigaia la foc mediu si adauga ulei. Adăugaţi usturoiul şi şalota. Gatiti 5 minute sau pana se inmoaie. Adăugaţi mazăre, sare, piper şi fulgi de chili. Se fierbe 10 minute

Adăugați somonul și continuați să gătiți încă 5-7 minute. Adăugați smântână, reduceți căldura și gătiți încă 5 minute.

Între timp, puneți o tigaie la foc mare cu apă și sare după gust, odată ce au fiert, adăugați pastele penne și gătiți 8-10 minute sau până se înmoaie.Scurgeți pastele, adăugați în sosul de somon și serviți.

Nutriție (pentru 100g):393 calorii 20,8 g grăsimi 38 g carbohidrați 3 g proteine 836 mg sodiu

Pui grecesc la fierbere lentă

Timp de preparare: 20 minute

Timp de preparare: 3 ore

Porții: 4

Nivel de dificultate: mediu

Ingrediente:

- 1 lingura ulei de masline extravirgin
- 2 kg piept de pui dezosat
- ½ linguriță sare kosher
- ¼ lingurita piper negru
- 1 borcan (12 uncii) de ardei roşii prăjiți
- 1 cană măsline Kalamata
- 1 ceapă roşie medie, tăiată în bucăți
- 3 linguri otet de vin rosu
- 1 lingura de usturoi tocat
- 1 lingurita de miere
- 1 lingurita oregano uscat
- 1 lingurita de cimbru uscat
- ½ cană brânză feta (opțional, pentru servire)
- Ierburi proaspete tocate: orice amestec de busuioc, patrunjel sau cimbru (opțional, pentru servire)

directii:

Ungeți aragazul lent cu spray de gătit antiaderent sau ulei de măsline. Prăjiți uleiul de măsline într-o tigaie mare. Condimentați ambele părți ale pieptului de pui. Odată ce uleiul este fierbinte, adăugați pieptul de pui și prăjiți pe ambele părți (aproximativ 3 minute).

Odată fiert, se adaugă în aragazul lent. Adăugați ardeiul gras roșu, măslinele și ceapa roșie la pieptul de pui. Încercați să plasați legumele în jurul puiului, mai degrabă decât direct deasupra.

Într-un castron mic, combinați oțetul, usturoiul, mierea, oregano și cimbru. Odată combinat, turnați peste pui. Gatiti puiul la foc mic timp de 3 ore sau pana cand nu mai este roz in centru. Serviți cu feta mărunțită și ierburi proaspete.

Nutriție (pentru 100g):399 calorii 17 g grăsimi 12 g carbohidrați 50 g proteine 793 mg sodiu

Gyros de pui

Timp de preparare: 10 minute

Timp de preparare: 4 ore

Porții: 4

Nivel de dificultate: mediu

Ingrediente:

- 2 lbs. Piept de pui sau piept de pui dezosat
- suc de lamaie
- 3 catei de usturoi
- 2 lingurite otet de vin rosu
- 2-3 linguri ulei de masline
- ½ cană iaurt grecesc
- 2 lingurite de oregano uscat
- 2-4 lingurițe de condimente grecești
- ½ ceapa rosie mica, tocata
- 2 linguri planta de marar
- Sos tzatziki
- 1 cană iaurt simplu grecesc
- 1 lingură plantă de mărar
- 1 castravete englezesc mic, tocat
- praf de sare si piper
- 1 lingurita praf de ceapa
- Pentru toppinguri:

- rosii
- Castraveți tocați
- Ceapa rosie tocata
- Branza feta taiata cubulete
- Pâine mărunțită

directii:

Taiati cubulete pieptul de pui si adaugati in aragazul incet. Puneți sucul de lămâie, usturoiul, oțetul, uleiul de măsline, iaurtul grecesc, oregano, condimentele greceşti, ceapa roşie şi mararul în aragazul lent şi amestecaţi pentru a vă asigura că totul este bine combinat.

Gatiti 5-6 ore la foc mic sau 2-3 ore la maxim. Între timp, încorporează toate ingredientele pentru sosul tzatziki şi amestecă. Cand s-a amestecat bine, dam la frigider pana cand puiul este gata.

Când puiul este gata de gătit, serviţi cu pâine şi oricare sau toate toppingurile enumerate mai sus.

Nutriţie (pentru 100g):317 calorii 7,4 g grăsimi 36,1 g carbohidraţi 28,6 g proteine 476 mg sodiu

Cassoulet de pui la fierbere lentă

Timp de preparare: 10 minute

timp de gătit: 20 de minute

Porții: 16

Nivel de dificultate: mediu

Ingrediente:

- 1 cană fasole uscată, înmuiată
- 8 pulpe de pui dezosate
- 1 cârnați polonez, gătiți și tăiați în bucăți mici (opțional)
- 1¼ cană suc de roșii
- 1 cutie (28 uncii) de roșii tăiate la jumătate
- 1 lingura sos Worcestershire
- 1 linguriță granule instant de carne de vită sau de pui
- ½ linguriță busuioc uscat
- ½ linguriță de oregano uscat
- ½ lingurita boia
- ½ cană de țelină tocată
- ½ cana morcovi tocati
- ½ cană ceapă tocată

directii:

Ungeţi aragazul lent cu ulei de măsline sau spray de gătit antiaderent. Într-un castron, amestecaţi sucul de roşii, roşiile, sosul Worcestershire, supa de vită, busuioc, oregano şi boia de ardei. Asiguraţi-vă că ingredientele sunt bine combinate.

Puneţi puiul şi cârnaţii în aragazul lent şi acoperiţi cu amestecul de suc de roşii. Acoperiţi cu ţelină, morcov şi ceapă. Gatiti la foc mic timp de 10-12 ore.

Nutriţie (pentru 100g):244 calorii 7g grăsimi 25g carbohidraţi 21g

Pui la gătirea lentă provensală

Timp de preparare: 5 minute

Timp de preparare: 8 ore

Porţii: 4

Nivel de dificultate: Uşor

Ingrediente:

- 4 (6 uncii) piept de pui dezosat şi fără piele
- 2 lingurite busuioc uscat
- 1 lingurita de cimbru uscat
- 1/8 lingurita sare
- 1/8 lingurita piper negru proaspat macinat
- 1 ardei gras galben, taiat cubulete
- 1 ardei gras rosu, taiat cubulete
- 1 conserve (15,5 uncii) de fasole cannellini
- 1 cutie (14,5 uncii) de roşii mici cu busuioc, usturoi şi oregano, nescurcate

directii:

Ungeţi aragazul lent cu ulei de măsline antiaderent. Puneţi toate ingredientele în aragazul lent şi amestecaţi. Gatiti la foc mic timp de 8 ore.

Nutriţie (pentru 100g):304 calorii 4,5 g grăsimi 27,3 g carbohidraţi 39,4 g proteine 639 mg sodiu

Friptură de curcan în stil grecesc

Timp de preparare: 20 minute

timp de gătit: 7 ore si 30 de minute

Porții: 8

Nivel de dificultate: mediu

Ingrediente:

- 1 (4 lb) piept de curcan dezosat, tuns
- ½ cană supă de pui, împărțită
- 2 linguri suc proaspăt de lămâie
- 2 cani de ceapa tocata
- ½ cană măsline Kalamata fără sâmburi
- ½ cană de roșii uscate la soare umplute cu ulei, feliate subțiri
- 1 lingurita condiment grecesc
- ½ lingurita sare
- ¼ de lingurita piper negru proaspat macinat
- 3 linguri de făină universală (sau grâu integral)

directii:

Ungeți aragazul lent cu spray de gătit antiaderent sau ulei de măsline. În aragazul lent se adaugă curcan, ¼ cană bulion de pui, suc de lămâie, ceapă, măsline, roșii uscate, condimente greceşti, sare şi piper.

Gatiti la foc mic timp de 7 ore. Turnați făina în restul de ¼ de cană bulion de pui, apoi amestecați ușor în aragazul lent. Gatiti inca 30 de minute.

Nutriție (pentru 100g):341 calorii 19 g grăsimi 12 g carbohidrați 36,4 g proteine 639 mg sodiu

Pui cu usturoi cu cuscus

Timp de preparare: 25 minute

Timp de preparare: 7 ore

Porții: 4

Nivel de dificultate: mediu

Ingrediente:

- 1 pui întreg, tăiat în bucăți
- 1 lingura ulei de masline extravirgin
- 6 catei de usturoi, taiati in jumatate
- 1 cană de vin alb sec
- 1 cană de cușcuș
- ½ lingurita sare
- ½ lingurita piper
- 1 ceapă medie, feliată subțire
- 2 lingurite de cimbru uscat
- 1/3 cană făină integrală

directii:

Prăjiți uleiul de măsline într-o tigaie grea. Când tigaia este fierbinte, adăugați puiul pentru a se prăji. Asigurați-vă că bucățile de pui nu se ating. Se prăjește, cu pielea în jos, aproximativ 3 minute sau până se rumenesc.

Ungeți aragazul lent cu spray de gătit antiaderent sau ulei de măsline. Puneți ceapa, usturoiul și cimbrul în aragazul lent și stropiți cu sare și piper. Se amestecă puiul peste ceapă.

Într-un castron separat, se bate făina cu vinul până nu se formează cocoloașe, apoi se toarnă peste pui. Gatiti la foc mic timp de 7 ore sau pana este gata. De asemenea, puteți găti la maxim 3 ore. Serviți puiul peste cușcușul fiert și turnați cu lingura sosul.

Nutriție (pentru 100g):440 calorii 17,5 g grăsimi 14 g carbohidrați 35,8 g proteine 674 mg sodiu

Pui Karahi

Timp de preparare: 5 minute

Timp de preparare: 5 ore

Porții: 4

Nivel de dificultate: Ușor

Ingrediente:

- 2 lbs. Piept sau pulpe de pui
- ¼ cană ulei de măsline
- 1 conserva mica de pasta de rosii
- 1 lingura de unt
- 1 ceapă mare, tăiată cubulețe
- ½ cană iaurt grecesc simplu
- ½ cană de apă
- 2 linguri de ghimbir in pasta de usturoi
- 3 linguri de frunze de schinduf
- 1 lingurita coriandru macinat
- 1 roșie de mărime medie
- 1 lingurita chili rosu
- 2 ardei iute verzi
- 1 lingurita turmeric
- 1 lingura garam masala
- 1 lingurita chimen praf
- 1 lingurita sare de mare
- ¼ lingurita de nucsoara

directii:

Ungeți aragazul lent cu spray de gătit antiaderent. Într-un castron mic, amestecați bine toate condimentele. Amestecați puiul în aragazul lent, urmat de ingredientele rămase, inclusiv amestecul de condimente. Se amestecă până se combină bine cu condimentele.

Gatiti la foc mic timp de 4-5 ore. Serviți cu naan sau pâine italiană.

Nutriție (pentru 100g):345 calorii 9,9 g grăsimi 10 g carbohidrați 53,7 g proteine 715 mg sodiu

Pui cacciatore cu orzo

Timp de preparare: 20 minute

Timp de preparare: 4 ore

Porţii: 6

Nivel de dificultate: Uşor

Ingrediente:

- 2 kilograme de pulpe de pui fără piele
- 1 lingura ulei de masline
- 1 cană de ciuperci, tăiate în sferturi
- 3 morcovi, tocaţi
- 1 borcan mic de măsline Kalamata
- 2 cutii (14 uncii) de roşii tăiate cubuleţe
- 1 conserva mica de pasta de rosii
- 1 cană de vin roşu
- 5 catei de usturoi
- 1 cană de orzo

directii:

Prăjiți uleiul de măsline într-o tigaie mare. Când uleiul este încălzit, adăugați puiul, cu pielea în jos și prăjiți. Asigurați-vă că bucățile de pui nu se ating.

Când puiul este rumenit, adăugați-l în aragazul lent împreună cu toate ingredientele, cu excepția orzoului. Gatiti puiul la foc mic timp de 2 ore, apoi adaugati orzo si gatiti inca 2 ore. Serviți cu o pâine franțuzească crosta.

Nutriție (pentru 100g):424 de calorii 16 g grăsimi 10 g carbohidrați 11 g proteine 845 mg sodiu

Daube Provencal gătit lent

Timp de preparare: 15 minute

Timp de preparare: 8 ore

Porții: 8

Nivel de dificultate: mediu

Ingrediente:

- 1 lingura ulei de masline
- 10 catei de usturoi, tocati
- 2 lire sterline friptură dezosată
- 1½ linguriță sare, împărțită
- ½ linguriță piper negru proaspăt măcinat
- 1 cană de vin roşu sec
- 2 cani de morcovi, tocati
- 1½ cană ceapă, tocată
- ½ cană bulion de vită
- 1 cutie (14 uncii) de roşii tăiate cubulețe
- 1 lingura pasta de rosii
- 1 lingurita rozmarin proaspat, tocat
- 1 lingurita de cimbru proaspat, tocat
- ½ lingurita coaja de portocala, rasa
- ½ lingurita de scortisoara macinata
- ¼ linguriță cuişoare măcinate
- 1 frunză de dafin

directii:

Preîncălziţi o tigaie şi apoi adăugaţi uleiul de măsline. Adăugaţi ustuoiul tocat şi ceapa şi gătiţi până când ceapa este moale şi ustuoiul începe să se rumenească.

Se adauga carnea taiata cubulete, sare si piper si se prajeste pana se rumeneste carnea. Transferaţi carnea în aragazul lent. Amestecaţi bulionul de vită în tigaie şi fierbeţi aproximativ 3 minute pentru a deglaza tigaia, apoi turnaţi peste carne în aragazul lent.

Puneţi ingredientele rămase în slow cooker şi amestecaţi bine. Setaţi aragazul lent la mic şi gătiţi timp de 8 ore sau setaţi aragazul lent la mare şi gătiţi timp de 4 ore. Serviţi cu tăiţei cu ou, orez sau pâine italiană.

Nutriţie (pentru 100g):547 calorii 30,5 g grăsimi 22 g carbohidraţi 45,2 g proteine 809 mg sodiu

Osso Bucco

Timp de preparare: 30 minute

Timp de preparare: 8 ore

Porții: 3

Nivel de dificultate: mediu

Ingrediente:

- 4 cioburi de vită sau vițel
- 1 lingurita sare de mare
- ½ lingurita piper negru macinat
- 3 linguri faina integrala de grau
- 1-2 linguri ulei de masline
- 2 cepe medii, taiate cubulete
- 2 morcovi medii, tăiați cubulețe
- 2 bețișoare de țelină, tăiate cubulețe
- 4 catei de usturoi, tocati
- 1 cutie (14 uncii) de roșii tăiate cubulețe
- 2 lingurite frunze de cimbru uscat
- ½ cana supa de vita sau de legume

directii:

Se condimentează pulpele pe ambele părți, apoi se scufundă în făină pentru a se îmbrăca. Încinge o tigaie mare la foc mare. Adăugați uleiul de măsline. Odată ce uleiul este fierbinte, adăugați pulpele și rumeniți-le uniform pe ambele părți. Când s-au rumenit, se adaugă în aragazul lent.

Se toarnă bulionul în tigaie şi se fierbe timp de 3-5 minute, amestecând pentru a deglaza tigaia. Puneţi ingredientele rămase în aragazul lent şi turnaţi peste bulionul din tigaie.

Setaţi aragazul lent la mic şi gătiţi timp de 8 ore. Serviţi osso bucco peste quinoa, orez brun sau chiar orez cu conopidă.

Nutriţie (pentru 100g):589 calorii 21,3 g grăsimi 15 g carbohidraţi 74,7 g proteine 893 mg sodiu

Carne de vită Bourguignon la fierbere lentă

Timp de preparare: 5 minute

Timp de preparare: 8 ore

Porții: 8

Dificultate: greu D

Ingrediente:

- 1 lingura ulei de masline extravirgin
- 6 uncii de bacon, tocat grosier
- Piept de 3 kg, tăiat de grăsime, tăiat în cuburi de 2 inci
- 1 morcov mare, feliat
- 1 ceapă albă mare, tăiată cubulețe
- 6 catei de usturoi, tocati si impartiti
- ½ lingurita sare grunjoasa
- ½ linguriță de piper proaspăt măcinat
- 2 linguri faina integrala de grau
- 12 cepe perle mici
- 3 căni de vin roșu (Merlot, Pinot Noir sau Chianti)
- 2 cani de supa de vita
- 2 linguri pasta de rosii
- 1 cub de bulion de vită, mărunțit
- 1 lingurita de cimbru proaspat, tocat marunt
- 2 linguri patrunjel proaspat
- 2 foi de dafin

- 2 linguri de unt sau 1 lingura de ulei de masline
- 1 kilogram de ciuperci mici, albe sau maro, proaspete, tăiate în sferturi

directii:

Încinge o tigaie la foc mediu-mare, apoi adaugă uleiul de măsline. Când uleiul este încălzit, prăjiți baconul până devine crocant, apoi adăugați-l în aragazul dvs. lent. Rezervați grăsimea de slănină în tigaie.

Uscați carnea de vită și prăjiți-o în aceeași tigaie cu grăsimea de bacon până când toate părțile au aceeași culoare maro. Transferați în aragazul lent.

Adăugați ceapa și morcovii în aragazul lent și asezonați cu sare și piper. Amestecați pentru a combina ingredientele și asigurați-vă că totul este aromat.

Se amestecă vinul roșu în tigaie și se fierbe timp de 4-5 minute pentru a deglaza tigaia, apoi se amestecă făina și se amestecă până se omogenizează. Continuați să gătiți până când lichidul s-a redus și s-a îngroșat ușor.

Când lichidul s-a îngroșat, turnați-l în aragazul lent și amestecați pentru a acoperi totul în amestecul de vin. Adauga pasta de rosii, cubul de bulion, cimbru, patrunjel, 4 catei de usturoi si frunza de dafin. Puneți aragazul lent la mare și gătiți timp de 6 ore, sau lăsați-l la mic și gătiți timp de 8 ore.

Se înmoaie untul sau se încălzeşte uleiul de măsline într-o tigaie la foc mediu-mare. Când uleiul este fierbinte, amestecaţi cei 2 căţei de usturoi rămaşi şi gătiţi aproximativ 1 minut înainte de a adăuga ciupercile. Gătiţi ciupercile până se înmoaie, apoi adăugaţi-le în aragazul lent şi amestecaţi.

Serviţi cu piure de cartofi, orez sau paste.

Nutriţie (pentru 100g):672 calorii 32 g grăsimi 15 g carbohidraţi 56 g proteine 693 mg sodiu

Carne de vita balsamica

Timp de preparare: 5 minute

Timp de preparare: 8 ore

Porții: 10

Nivel de dificultate: mediu

Ingrediente:

- 2 lire sterline friptură dezosată
- 1 lingura ulei de masline
- Freca
- 1 lingurita praf de usturoi
- ½ lingurita praf de ceapa
- 1 lingurita sare de mare
- ½ linguriță piper negru proaspăt măcinat
- sos
- ½ cană de oțet balsamic
- 2 linguri de miere
- 1 lingura mustar cu miere
- 1 cană bulion de vită
- 1 lingură tapioca, făină integrală de grâu sau amidon de porumb (dacă se dorește, pentru a îngroșa sosul după gătit)

directii:

Încorporați toate ingredientele pentru frecare.

Într-un castron separat, combinați oțetul balsamic, mierea, muștarul cu miere și supa de vită. Ungeți friptura cu ulei de măsline, apoi ungeți condimentele din amestecul de frecare. Pune friptura în aragazul lent și toarnă sosul peste el. Setați aragazul lent la mic și gătiți timp de 8 ore.

Dacă doriți să îngroșați sosul după ce friptura este gătită, transferați-l din slow cooker pe un platou de servire. Apoi turnați lichidul într-o cratiță și aduceți la fierbere pe aragaz. Se amestecă făina și se fierbe până se îngroașă sosul.

Nutriție (pentru 100g):306 calorii 19 g grăsimi 13 g carbohidrați 25 g proteine 823 mg sodiu

Vițel înăbușit

Timp de preparare: 20 minute

Timp de preparare: 5 ore

Porții: 8

Nivel de dificultate: mediu

Ingrediente:

- 2 linguri ulei de masline
- sare si piper
- 3 kg friptură de vițel dezosată, legată
- 4 morcovi medii, decojiti
- 2 păstârnac, curățați și tăiați la jumătate
- 2 napi, curățați și tăiați în sferturi
- 10 catei de usturoi, curatati de coaja
- 2 crengute de cimbru proaspat
- 1 portocală, spălată și rasă
- 1 cana supa de pui sau vitel

directii:

Încinge o tigaie mare la foc mediu-înalt. Ungeți friptura de vițel peste tot cu ulei de măsline, apoi condimentați cu sare și piper. Când tigaia este fierbinte, adăugați friptura de vițel și prăjiți pe toate părțile. Acest lucru durează aproximativ 3 minute pe fiecare parte, dar acest proces etanșează sucurile și face carnea suculentă.

Când este fiert, puneți-l în aragazul lent. Adăugați morcovii, păstârnacul, sfecla și usturoiul în tigaie. Amestecați și gătiți timp de aproximativ 5 minute - nu complet, doar pentru a scoate câteva dintre bucățile maro de pe vițel și a le da puțină culoare.

Transferați legumele în aragazul lent și aranjați-le în jurul cărnii. Acoperiți friptura cu cimbru și coaja de portocală. Taie portocala in jumatate si stoarce sucul peste pulpa. Adăugați bulionul de pui, apoi gătiți friptura la foc mic timp de 5 ore.

Nutriție (pentru 100g):426 calorii 12,8 g grăsimi 10 g carbohidrați 48,8 g proteine 822 mg sodiu

Orez mediteranean și cârnați

Timp de preparare: 15 minute

Timp de preparare: 8 ore

Porții: 6

Nivel de dificultate: mediu

Ingrediente:

- 1½ kg cârnați italieni, mărunțiți
- 1 ceapa medie, tocata
- 2 linguri de sos de friptură
- 2 căni de orez cu bob lung, nefiert
- 1 cutie (14 uncii) de roșii tăiate cubulețe cu suc
- ½ cană de apă
- 1 ardei verde mediu, taiat cubulete

directii:

Pulverizați aragazul lent cu ulei de măsline sau spray de gătit antiaderent. Adăugați cârnații, ceapa și sosul de friptură în aragazul lent. Setați la minim timp de 8 până la 10 ore.

Dupa 8 ore, adauga orezul, rosiile, apa si ardeiul verde. Se amestecă pentru a se combina bine. Gatiti inca 20-25 de minute.

Nutriție (pentru 100g):650 calorii 36 g grăsimi 11 g carbohidrați 22 g proteine 633 mg sodiu

chiftele spaniole

Timp de preparare: 20 minute

Timp de preparare: 5 ore

Porții: 6

Dificultate: greu D

Ingrediente:

- 1 kilogram de curcan măcinat
- 1 kg carne de vită tocată
- 2 oua
- 1 cutie (20 uncii) de roşii tăiate cubuleţe
- ¾ cana ceapa dulce, tocata, impartita
- ¼ cană plus 1 lingură pesmet
- 3 linguri patrunjel proaspat, tocat
- 1½ linguriţă de chimen
- 1½ linguriţă boia de ardei (dulce sau iute)

directii:

Pulverizaţi aragazul lent cu ulei de măsline.

Într-un castron, adăugaţi carnea de vită tocată, ouăle, aproximativ jumătate din ceapă, pesmetul şi condimentele.

Spălaţi-vă mâinile şi amestecaţi până se omogenizează bine. Nu amestecaţi prea mult, deoarece acest lucru va avea ca rezultat chiftele mestecate. Se modelează chiftele. Desigur, cât de mari le faci va determina câte chifteluţe vei obţine în total.

Într-o tigaie, prăjiți 2 linguri de ulei de măsline la foc mediu-mare. Odată fierbinte, se amestecă chiftelele și se prăjesc pe toate părțile. Asigurați-vă că bilele nu se ating între ele, astfel încât să se rumenească uniform. Odată gata, adăugați-le în aragazul lent.

Adăugați restul de ceapă și roșii în tigaie și gătiți câteva minute, răzuind bucățile maro de pe chiftele pentru a adăuga aromă. Transferați roșiile peste chiftele în aragazul lent și gătiți la foc mic timp de 5 ore.

Nutriție (pentru 100g):372 calorii 21,7 g grăsimi 15 g carbohidrați 28,6 proteine 772 mg sodiu

Fripturi de conopida cu sos de masline si citrice

Timp de preparare: 15 minute

timp de gătit: 30 minute

Porții: 4

Nivel de dificultate: mediu

Ingrediente:

- 1 sau 2 capete mari de conopida
- 1/3 cană ulei de măsline extravirgin
- ¼ linguriță sare kosher
- 1/8 lingurita piper negru macinat
- suc de 1 portocala
- coaja de 1 portocală
- ¼ cană măsline negre, fără sâmburi și tocate
- 1 lingură Dijon sau muștar de cereale
- 1 lingura otet de vin rosu
- ½ lingurita coriandru macinat

directii:

Preîncălziţi cuptorul la 400°C. Pune hârtie de pergament sau folie în tava de copt. Tăiaţi tulpina conopidei astfel încât să stea în poziţie verticală. Tăiaţi-o vertical în patru plăci groase. Aşezaţi conopida pe foaia de copt pregătită. Stropiţi cu ulei de măsline, sare şi piper negru. Coaceţi aproximativ 30 de minute.

Într-un castron mediu, amestecaţi sucul de portocale, coaja de portocale, măslinele, muştarul, oţetul şi coriandru; amesteca bine. Serviţi cu sosul.

Nutriţie (pentru 100g):265 calorii 21 g grăsimi 4 g carbohidraţi 5 g proteine 693 mg sodiu

Paste pesto cu mentă și fistic

Timp de preparare: 10 minute

timp de gătit: 10 minute

Porții: 4

Nivel de dificultate: mediu

Ingrediente:

- 8 uncii paste integrale de grâu
- 1 cană de mentă proaspătă
- ½ cană busuioc proaspăt
- 1/3 cană fistic nesărat, decojit
- 1 cățel de usturoi, decojit
- ½ lingurita sare kosher
- Suc de ½ lime
- 1/3 cană ulei de măsline extravirgin

directii:

Gătiți tăițeii conform instrucțiunilor de pe ambalaj. Scurgeți, rezervând ½ cană de apă pentru paste și puneți deoparte. Intr-un robot de bucatarie adauga menta, busuioc, fistic, usturoi, sare si zeama de lamaie. Procesați până când fisticul este măcinat grosier. Se amestecă uleiul de măsline într-un flux lent și constant și se procesează până se incorporează.

Într-un castron mare, amestecați pastele cu pesto de fistic. Dacă se dorește o consistență mai subțire, mai delicioasă, adăugați puțin din apa rezervată pentru paste și amestecați bine.

Nutriție (pentru 100g):420 calorii 3 g grăsimi 2 g carbohidrați 11 g proteine 593 mg sodiu

Sos de roșii cherry cu paste din păr de înger

Timp de preparare: 10 minute

timp de gătit: 20 de minute

Porții: 4

Nivel de dificultate: mediu

Ingrediente:

- 8 uncii pastă de păr de înger
- 2 linguri ulei de masline extravirgin
- 3 catei de usturoi, tocati
- 3 litri rosii cherry
- ½ lingurita sare kosher
- ¼ de linguriță fulgi de ardei roșu
- ¾ cană busuioc proaspăt, tocat
- 1 lingura otet balsamic alb (optional)
- ¼ cană parmezan ras (opțional)

directii:

Gătiți tăiței conform instrucțiunilor de pe ambalaj. Scurgeți și puneți deoparte.

Se caleste uleiul de masline intr-o tigaie sau o tigaie mare la foc mediu-mare. Se amestecă usturoiul și se călește timp de 30 de secunde. Se amestecă roșiile, sarea și fulgii de ardei roșu și se gătesc, amestecând ocazional, până când roșiile explodează, aproximativ 15 minute.

Se ia de pe foc si se adauga pastele si busuiocul. Se amestecă bine. (Pentru roșiile din afara sezonului, adăugați oțetul dacă doriți și amestecați bine.) Serviți.

Nutriție (pentru 100g):305 Calorii 8g Grăsimi 3g Carbohidrați 11g Proteine 559mg Sodiu

Tofu copt cu roşii uscate la soare şi anghinare

Timp de preparare: 30 minute

timp de gătit: 30 minute

Porţii: 4

Nivel de dificultate: mediu

Ingrediente:

- 1 pachet (16 uncii) tofu extra ferm, tăiat în cuburi de 1 inch
- 2 linguri ulei de măsline extravirgin, împărţit
- 2 linguri de suc de lamaie, impartite
- 1 lingură sos de soia cu conţinut scăzut de sodiu
- 1 ceapă, tăiată cubuleţe
- ½ lingurita sare kosher
- 2 catei de usturoi, tocati
- 1 cutie (14 uncii) de inimioare de anghinare, scurse
- 8 roşii uscate la soare
- ¼ de lingurita piper negru proaspat macinat
- 1 lingura otet de vin alb
- coaja de 1 lamaie
- ¼ cană pătrunjel proaspăt, tocat

directii:

Pregătiţi cuptorul la 400°F. Puneţi folia sau hârtie de copt în tava de copt. Într-un castron, amestecaţi tofu, 1 lingură ulei de măsline,

1 lingură suc de lămâie şi sosul de soia. Daţi deoparte şi marinaţi timp de 15 până la 30 de minute. Aranjaţi tofu într-un singur strat pe foaia de copt pregătită şi coaceţi timp de 20 de minute, întorcându-le o dată, până se rumenesc deschis.

Prăjiţi restul de 1 lingură de ulei de măsline într-o tigaie mare sau o tigaie la foc mediu-mare. Adăugaţi ceapa şi sare; prăjiţi până devine translucid, 5 până la 6 minute. Se amestecă usturoiul şi se căleşte timp de 30 de secunde. Adaugă apoi inimioarele de anghinare, roşiile uscate la soare şi piper negru şi se călesc timp de 5 minute. Adăugaţi oţetul de vin alb şi restul de 1 lingură de suc de lămâie şi deglazează tigaia, răzuind orice bucăţi maro. Se ia cratita de pe foc si se adauga coaja de lamaie si patrunjelul. Se amestecă uşor tofu copt.

Nutriţie (pentru 100g):230 calorii 14 g grăsimi 5 g carbohidraţi 14 g proteine 593 mg sodiu

Tempeh mediteranean copt cu roşii şi usturoi

timp de pregatire: 25 minute, plus 4 ore pentru marinare

timp de gătit: 35 de minute

Porţii: 4

Dificultate: greu D

Ingrediente:

- <u>Pentru tempeh</u>
- 12 uncii tempeh
- ¼ cană de vin alb
- 2 linguri ulei de masline extravirgin
- 2 linguri suc de lamaie
- coaja de 1 lamaie
- ¼ linguriţă sare kosher
- ¼ de lingurita piper negru proaspat macinat
- <u>Pentru sosul de rosii si usturoi</u>
- 1 lingura ulei de masline extravirgin
- 1 ceapă, tăiată cubuleţe
- 3 catei de usturoi, tocati
- 1 cutie (14,5 uncii) de piure de roşii nesărate
- 1 roşie friptură, tăiată cubuleţe
- 1 frunză de dafin uscată
- 1 lingurita de otet de vin alb

- 1 lingurita suc de lamaie

- 1 lingurita oregano uscat

- 1 lingurita de cimbru uscat

- ¾ linguriță sare kosher

- ¼ cană busuioc, tăiat în panglici

directii:

Pentru a face tempeh

Puneți tempeh-ul într-o cratiță medie. Umpleți suficientă apă pentru a acoperi 1 până la 2 inci. Se aduce la fierbere la foc mediu, se acopera si se fierbe la foc mic. Gatiti 10-15 minute. Scoateți tempehul, uscați, răciți și tăiați-l în cuburi de 1 inch.

Amestecați vinul alb, uleiul de măsline, sucul de lămâie, coaja de lămâie, sare și piper negru. Adăugați tempeh, acoperiți bolul, lăsați la frigider 4 ore sau peste noapte. Preîncălziți cuptorul la 375°F. Puneți tempehul marinat și marinada într-o tavă și gătiți timp de 15 minute.

Pentru sosul de rosii si usturoi

Se caleste uleiul de masline intr-o tigaie mare la foc mediu-mare. Adăugați ceapa și căleți până devine translucid, 3 până la 5 minute. Se amestecă usturoiul și se călește timp de 30 de secunde. Adăugați piureul de roșii, roșiile de friptură de vită, frunza de dafin, oțetul, zeama de lămâie, oregano, cimbru și sare. Amesteca bine. Se fierbe timp de 15 minute.

Adăugați tempeh copt la amestecul de roșii și amestecați ușor. Se ornează cu busuioc.

SFAT DE ÎNLOCUIRE: Dacă nu mai aveți tempeh sau doriți doar să accelerați procesul de gătire, puteți schimba o cutie de fasole de 14,5 uncii cu tempeh. Clătiți fasolea și adăugați-le la sosul cu piureul de roșii. Este încă un aperitiv vegan grozav în jumătate din timp!

Nutriție (pentru 100g):330 calorii 20 g grăsimi 4 g carbohidrați 18 g proteine 693 mg sodiu

Ciuperci portobello prăjite cu kale și ceapă roșie

Timp de preparare: 30 minute

timp de gătit: 30 minute

Porții: 4

Dificultate: greu D

Ingrediente:

- ¼ cană oțet alb
- 3 linguri ulei de măsline extravirgin, împărțit
- ½ lingurita miere
- ¾ linguriță sare kosher, împărțită
- ¼ de lingurita piper negru proaspat macinat
- 4 ciuperci portobello mari, tulpinile îndepărtate
- 1 ceapă roșie, tăiată juliană
- 2 catei de usturoi, tocati
- 1 (8 uncii) de gunoi de varză, cu tulpină și tocată mărunt
- ¼ de linguriță fulgi de ardei roșu
- ¼ cană parmezan sau brânză Romano rasă

directii:

Pune hârtie de pergament sau folie în tava de copt. Într-un castron mediu, amestecați oțetul, 1½ linguriță de ulei de măsline, mierea, ¼ de linguriță de sare și piper negru. Așezați ciupercile pe tava de

157

copt şi turnaţi peste ele marinada. Marinaţi timp de 15 până la 30 de minute.

Între timp, preîncălziţi cuptorul la 400°C. Coaceţi ciupercile timp de 20 de minute, întorcându-le la jumătate. Încingeţi restul de 1½ linguri de ulei de măsline într-o tigaie mare sau într-o tigaie rezistentă la cuptor, la foc mediu-înalt. Adăugaţi ceapa şi jumătate de linguriţă de sare rămasă şi căliţi 5 până la 6 minute până când se rumenesc. Se amestecă usturoiul şi se căleşte timp de 30 de secunde. Se amestecă varza cu varză şi fulgii de ardei roşu şi se călesc până când varza este fragedă, aproximativ 5 minute.

Scoateţi ciupercile din cuptor şi creşteţi temperatura pentru grătar. Turnaţi cu grijă lichidul din foaia de copt în tava cu amestecul de varză; amesteca bine. Întoarceţi ciupercile, astfel încât partea de tulpină să fie sus. Împrăştiaţi o parte din amestecul de kale peste fiecare ciupercă. Presăraţi 1 lingură de parmezan deasupra fiecăruia. maro auriu prăjit.

Nutriţie (pentru 100g):200 calorii 13 g grăsimi 4 g carbohidraţi 8 g proteine

Tofu balsamic marinat cu busuioc şi oregano

Timp de preparare: 40 minute

timp de gătit: 30 minute

Porţii: 4

Nivel de dificultate: mediu

Ingrediente:

- ¼ cană ulei de măsline extravirgin
- ¼ cană oţet balsamic
- 2 linguri de sos de soia cu conţinut scăzut de sodiu
- 3 catei de usturoi, rasi
- 2 lingurite sirop de arţar pur
- coaja de 1 lamaie
- 1 lingurita busuioc uscat
- 1 lingurita oregano uscat
- ½ linguriţă de cimbru uscat
- ½ linguriţă de salvie uscată
- ¼ linguriţă sare kosher
- ¼ de lingurita piper negru proaspat macinat
- ¼ linguriţă fulgi de ardei roşu (opţional)
- 1 bloc (16 uncii) de tofu extra ferm

directii:

Într-un bol sau o pungă cu fermoar, combinaţi ulei de măsline, oţet, sos de soia, usturoi, sirop de arţar, coajă de lămâie, busuioc, oregano, cimbru, salvie, sare, piper negru și fulgi de ardei roșu, dacă doriți. Adăugați tofu și amestecați ușor. Puneți la frigider și marinați timp de 30 de minute sau peste noapte, dacă doriți.

Pregătiți cuptorul la 425°F. Pune hârtie de pergament sau folie în tava de copt. Aranjați tofuul marinat într-un singur strat pe foaia de copt pregătită. Coaceți timp de 20 până la 30 de minute, întorcându-le la jumătate, până devine ușor crocantă.

Nutriție (pentru 100g):225 de calorii 16 g grăsimi 2 g carbohidrați 13 g proteine 493 mg sodiu

Dovlecel umplut cu ricotta, busuioc și fistic

Timp de preparare: 15 minute

timp de gătit: 25 de minute

Porții: 4

Nivel de dificultate: mediu

Ingrediente:

- 2 dovlecei medii, tăiați în jumătate pe lungime
- 1 lingura ulei de masline extravirgin
- 1 ceapă, tăiată cubulețe
- 1 lingurita sare kosher
- 2 catei de usturoi, tocati
- ¾ cană brânză ricotta
- ¼ cană fistic nesărat, decojit și tocat
- ¼ cană busuioc proaspăt, tocat
- 1 ou mare, bătut
- ¼ de lingurita piper negru proaspat macinat

directii:

Pregătiți cuptorul la 425°F. Pune hârtie de pergament sau folie în tava de copt. Scoateți semințele/pulpa din dovlecel, lăsând carne de ¼ inch pe margini. Puneți carnea pe o masă de tăiat și tăiați carnea.

Se caleste uleiul de masline intr-o tigaie la foc mediu. Adaugati ceapa, pulpa si sarea si caliti aproximativ 5 minute. Adăugați usturoiul și prăjiți timp de 30 de secunde. Amesteca ricotta, fisticul, busuiocul, oul si piperul negru. Adăugați amestecul de ceapă și amestecați bine.

Pune cele 4 jumătăți de dovlecel pe foaia de copt pregătită. Întindeți amestecul de ricotta peste jumătățile de dovlecel. Coaceți până se rumenesc.

Nutriție (pentru 100g):200 calorii 12 g grăsimi 3 g carbohidrați 11 g proteine 836 mg sodiu

Farro cu roşii prăjite şi ciuperci

Timp de preparare: 20 minute

Timp de gătire: 1 oră

Porţii: 4

Dificultate: greu D

Ingrediente:

- Pentru rosii
  - 2 litri rosii cherry
  - 1 lingurita ulei de masline extravirgin
  - ¼ linguriţă sare kosher
- Pentru farro
  - 3 până la 4 căni de apă
  - ½ cană farro
  - ¼ linguriţă sare kosher
- Pentru ciuperci
  - 2 linguri ulei de masline extravirgin
  - 1 ceapă, tăiată juliană
  - ½ lingurita sare kosher
  - ¼ de lingurita piper negru proaspat macinat
  - 10 uncii de ciuperci tip clopot, cu tulpină şi feliate subţire
  - ½ cană bulion de legume fără sare adăugată
  - 1 cutie (15 uncii) de fasole cannellini cu conţinut scăzut de sodiu, scursă şi clătită
  - 1 cană baby spanac

- 2 linguri busuioc proaspăt, tăiat în panglici
- ¼ cană nuci de pin, prăjite
- Oțet balsamic învechit (opțional)

directii:

Pentru a face roşiile

Preîncălziți cuptorul la 400°C. Pune hârtie de pergament sau folie în tava de copt. Se amestecă roşiile, uleiul de măsline şi sarea pe tava de copt şi se prăjesc timp de 30 de minute.

Pentru a face farro

Într-o cratiță sau o cratiță medie, aduceți apa, farro şi sarea la fiert la foc mare. Aduceți la fiert şi gătiți timp de 30 de minute sau până când farro este al dente. Scurgeți şi puneți deoparte.

Pentru a face ciupercile

Se caleste uleiul de masline intr-o tigaie mare sau tigaie la foc mediu-mare. Adăugați ceapa, sare şi piper negru şi căliți până devin aurii şi începe să se caramelizeze, aproximativ 15 minute. Se amestecă ciupercile, se măreşte focul la mediu şi se căleşte până când lichidul s-a evaporat şi ciupercile sunt maronii, aproximativ 10 minute. Se amestecă supa de legume şi se deglazează tigaia, răzuind orice bucăți maro şi lăsând lichidul să se reducă, aproximativ 5 minute. Adăugați fasolea şi încălziți timp de aproximativ 3 minute.

Scoateți şi amestecați spanacul, busuiocul, nucile de pin, roşiile prăjite şi farro. Deglazați cu oțet balsamic dacă doriți.

Nutriție (pentru 100g):375 Calorii 15g Grăsimi 10g Carbohidrați 14g Proteine 769mg Sodiu

Orzo la cuptor cu vinete, majeg si mozzarella

Timp de preparare: 20 minute

timp de gătit: 60 de minute

Porții: 4

Nivel de dificultate: mediu

Ingrediente:

- 2 linguri ulei de masline extravirgin
- 1 vinete mare (1 kg), tăiată cubulețe mici
- 2 morcovi, curatati si taiati cubulete mici
- 2 tulpini de telina, taiate cubulete mici
- 1 ceapă, tăiată cubulețe mici
- ½ lingurita sare kosher
- 3 catei de usturoi, tocati
- ¼ de lingurita piper negru proaspat macinat
- 1 cană de orzo din grâu integral
- 1 lingurita de pasta de rosii fara sare adaugata
- 1½ cani de supa de legume fara sare adaugata
- 1 cană de smog elvețian, cu tulpină și tocată mărunt
- 2 linguri de oregano proaspăt, tocat
- coaja de 1 lamaie
- 4 uncii de brânză mozzarella, tăiată cubulețe mici
- ¼ cană parmezan ras
- 2 roșii, tăiate felii grosime de ½ cm

166

directii:

Preîncălziți cuptorul la 400°C. Într-o tigaie mare rezistentă la cuptor, prăjiți uleiul de măsline la foc mediu-mare. Adăugați vinetele, morcovii, țelina, ceapa și sarea și căliți timp de aproximativ 10 minute. Se adauga usturoiul si piperul negru si se calesc timp de aproximativ 30 de secunde. Adăugați orzo și pasta de roșii și căleți timp de 1 minut. Se amestecă supa de legume și se deglazează tigaia, răzuind bucățile maro. Adăugați mătgul, oregano și coaja de lămâie și amestecați până când mătgul se ofilește.

Scoatem si adaugam branza mozzarella. Se netezește partea de sus a amestecului de orzo. Presarati parmezan deasupra. Presarati rosiile peste parmezan intr-un singur strat. Coaceți 45 de minute.

Nutriție (pentru 100g):470 de calorii 17 g grăsimi 7 g carbohidrați 18 g proteine 769 mg sodiu

Risotto de orz cu rosii

Timp de preparare: 20 minute

timp de gătit: 45 de minute

Porții: 4

Nivel de dificultate: mediu

Ingrediente:

- 2 linguri ulei de masline extravirgin
- 2 bețișoare de țelină, tăiate cubulețe
- ½ cană eșalotă, tăiată cubulețe
- 4 catei de usturoi, tocati
- 3 căni de bulion de legume fără sare adăugată
- 1 cutie (14,5 uncii) de roșii tăiate cubulețe fără sare adăugată
- 1 cutie (14,5 uncii) de piure de roșii nesărate
- 1 cană de orz perlat
- coaja de 1 lamaie
- 1 lingurita sare kosher
- ½ lingurita boia afumata
- ¼ de linguriță fulgi de ardei roșu
- ¼ de lingurita piper negru proaspat macinat
- 4 crengute de cimbru
- 1 frunză de dafin uscată
- 2 cesti baby spanac
- ½ cană brânză feta mărunțită
- 1 lingura oregano proaspat, tocat

- 1 lingura seminte de fenicul, prajite (optional)

directii:

Gătiți uleiul de măsline într-o cratiță mare la foc mediu-înalt. Se adaugă țelina și eșalota și se călesc timp de aproximativ 4 până la 5 minute. Adăugați usturoiul și prăjiți timp de 30 de secunde. Adăugați bulionul de legume, roșiile tăiate cubulețe, piureul de roșii, orzul, coaja de lămâie, sare, boia de ardei, fulgi de ardei roșu, piper negru, cimbru și foi de dafin și amestecați bine. Se aduce la fierbere, apoi se da la foc mic și se fierbe. Gatiti 40 de minute, amestecand din cand in cand.

Scoateți frunza de dafin și crengutele de cimbru. Se amestecă spanacul. Într-un castron mic, amestecați împreună feta, oregano și semințele de fenicul. Serviți risottoul de orz în boluri cu amestecul de feta.

Nutriție (pentru 100g):375 Calorii 12g Grăsimi 13g Carbohidrați 11g Proteine 799mg Sodiu

Naut si varza varza cu sos pomodoro picant

Timp de preparare: 10 minute

timp de gătit: 35 de minute

Porții: 4

Nivel de dificultate: Uşor

Ingrediente:

- 2 linguri ulei de masline extravirgin
- 4 catei de usturoi, taiati felii
- 1 lingurita fulgi de ardei rosu
- 1 cutie (28 uncii) de piure de roşii nesărate
- 1 lingurita sare kosher
- ½ lingurita miere
- 1 buchet de varza kale, tulpina si tocata
- 2 conserve (15 uncii) de năut cu conținut scăzut de sodiu, scurs şi clătit
- ¼ cană busuioc proaspăt, tocat
- ¼ cană brânză Pecorino Romano rasă

directii:

Se caleste uleiul de masline intr-o tigaie la foc mediu. Se amestecă usturoiul şi fulgii de ardei roşu şi se călesc până când usturoiul devine uşor auriu, aproximativ 2 minute. Se adauga rosiile, sarea si mierea si se amesteca bine. Reduceți focul la mic și fierbeți timp de 20 de minute.

Adăugați kale și amestecați bine. Gatiti aproximativ 5 minute.

Adăugați năutul și fierbeți aproximativ 5 minute. Se ia de pe foc si se amesteca busuiocul. Se serveste presarata cu branza pecorino.

Nutriție (pentru 100g):420 calorii 13 g grăsimi 12 g carbohidrați 20 g proteine 882 mg sodiu

Feta prăjită cu kale şi iaurt de lămâie

Timp de preparare: 15 minute

timp de gătit: 20 de minute

Porţii: 4

Nivel de dificultate: mediu

Ingrediente:

- 1 lingura ulei de masline extravirgin
- 1 ceapă, tăiată juliană
- ¼ linguriţă sare kosher
- 1 lingurita turmeric macinat
- ½ linguriţă de chimen măcinat
- ½ lingurita coriandru macinat
- ¼ de lingurita piper negru proaspat macinat
- 1 buchet de varza kale, tulpina si tocata
- Bloc de brânză feta de 7 uncii, tăiată în felii groase de ¼ inch
- ½ cană iaurt grecesc simplu
- 1 lingura suc de lamaie

directii:

Preîncălziţi cuptorul la 400°C. Într-o tigaie sau tigaie mare, rezistentă la cuptor, prăjiţi uleiul de măsline la foc mediu-înalt. Adăugaţi ceapa şi sare; se caleste pana se rumenesc usor, aproximativ 5 minute. Adăugaţi turmeric, chimen, coriandru şi piper negru; Se prăjeşte timp de 30 de secunde. Adăugaţi varza şi căleți aproximativ 2 minute. Adăugați ½ cană de apă și continuați să gătiți kale, aproximativ 3 minute.

Luați de pe foc și puneți feliile de brânză feta deasupra amestecului de varză. Puneți la cuptor și coaceți până când feta este fragedă, 10 până la 12 minute. Într-un castron mic, amestecați iaurtul și sucul de lămâie. Serviți kale și brânza feta cu iaurt de lămâie.

Nutriție (pentru 100g):210 calorii 14 g grăsimi 2 g carbohidrați 11 g proteine 836 mg sodiu

Vinete prajite si naut cu sos de rosii

Timp de preparare: 15 minute

timp de gătit: 60 de minute

Porții: 4

Dificultate: greu D

Ingrediente:

- Spray de gatit cu ulei de masline
- 1 vinete mare (aproximativ 1 kg), tăiată în rondele groase de ¼ inch
- 1 lingurita sare kosher, impartita
- 1 lingura ulei de masline extravirgin
- 3 catei de usturoi, tocati
- 1 cutie (28 uncii) de piure de roșii nesărate
- ½ lingurita miere
- ¼ de lingurita piper negru proaspat macinat
- 2 linguri busuioc proaspăt, tocat
- 1 cutie (15 uncii) de năut nesărat sau cu conținut scăzut de sodiu, scurs și clătit
- ¾ cană brânză feta mărunțită
- 1 lingura oregano proaspat, tocat

directii:

Preîncălziți cuptorul la 425°C. Ungeți și tapetați două foi de copt cu folie și stropiți ușor cu spray de gătit cu ulei de măsline. Întindeți vinetele într-un singur strat și stropiți cu ½ linguriță de sare.

Coaceți timp de 20 de minute, întorcându-le la jumătate, până se rumenesc ușor.

Între timp, încălziți uleiul de măsline într-o cratiță mare la foc mediu-mare. Se amestecă usturoiul și se călește timp de 30 de secunde. Adăugați piureul de roșii, mierea, ½ linguriță de sare rămasă și piper negru. Se fierbe aproximativ 20 de minute, până când sosul s-a redus și s-a îngroșat puțin. Se amestecă busuiocul.

După ce scoateți vinetele din cuptor, reduceți temperatura cuptorului la 375°F. Într-o caserolă mare dreptunghiulară sau ovală, puneți năutul și 1 cană de sos. Deasupra se aseaza feliile de vinete, suprapunand la nevoie pentru a acoperi naut. Puneți sosul rămas pe vinete. Presă feta și oregano deasupra.

Înfășurați vasul cu folie și coaceți timp de 15 minute. Scoateți folia și coaceți încă 15 minute.

Nutriție (pentru 100g):320 calorii 11 g grăsimi 12 g carbohidrați 14 g proteine 773 mg sodiu

Glisoare de falafel la cuptor

Timp de preparare: 10 minute

timp de gătit: 30 minute

Porții: 6

Nivel de dificultate: mediu

Ingrediente:

- Spray de gatit cu ulei de masline
- 1 cutie (15 uncii) de năut cu conținut scăzut de sodiu, scurs și clătit
- 1 ceapa, tocata grosier
- 2 catei de usturoi, curatati de coaja
- 2 linguri patrunjel proaspat, tocat
- 2 linguri faina integrala de grau
- ½ lingurita coriandru macinat
- ½ linguriță de chimen măcinat
- ½ lingurita de praf de copt
- ½ lingurita sare kosher
- ¼ de lingurita piper negru proaspat macinat

directii:

Preîncălziți cuptorul la 350°F. Tapetați hârtie de pergament sau folie și pulverizați ușor foaia de copt cu spray de gătit cu ulei de măsline.

Într-un robot de bucătărie, combinați năutul, ceapa, usturoiul, pătrunjelul, făina, coriandru, chimen, praful de copt, sare și piper negru. Se amestecă până la omogenizare.

Faceți 6 chifteluțe, fiecare cu o grămadă de ¼ de cană de amestec și aranjați-le pe tava de copt pregătită. Coaceți 30 de minute. A servi.

Nutriție (pentru 100g):90 calorii 1 g grăsime 3 g carbohidrați 4 g proteine 803 mg sodiu

Portobello Caprese

Timp de preparare: 15 minute

timp de gătit: 30 minute

Porții: 2

Dificultate: greu D

Ingrediente:

- 1 lingura ulei de masline
- 1 cană roșii cherry
- Sare si piper negru dupa gust
- 4 frunze mari de busuioc proaspăt, tăiate subțiri, împărțite
- 3 catei de usturoi medii, tocati
- 2 ciuperci portobello mari, tulpinile îndepărtate
- 4 mini bile de mozzarella
- 1 lingura parmezan, ras

directii:

Pregătiți cuptorul la 180 °C. Ungeți o tavă cu ulei de măsline. Stropiți 1 lingură de ulei de măsline într-o tigaie antiaderentă și încălziți la foc mediu-mare. Adăugați roșiile în tigaie și asezonați cu sare și piper negru. În timp ce gătiți, faceți câteva găuri în roșii pentru a extrage sucul. Puneți capacul și gătiți roșiile timp de 10 minute sau până se înmoaie.

Rezervați 2 lingurițe de busuioc și adăugați în tigaie restul de busuioc și usturoi. Piure roșiile cu o spatulă, apoi fierbe timp de jumătate de minut. Amestecați constant în timp ce gătiți. Pune deoparte. Puneți ciupercile în tava, cu capacul în jos și condimentați cu sare și piper negru.

Puneți amestecul de roșii și biluțele de mozzarella pe branhii de ciuperci, apoi stropiți cu parmezan pentru a se îmbrăca bine. Coaceți până când ciupercile sunt fragede în furculiță și brânza se rumenește. Scoateți ciupercile umplute din cuptor și serviți cu busuioc.

Nutriție (pentru 100g):285 calorii 21,8 g grăsimi 2,1 g carbohidrați 14,3 g proteine 823 mg sodiu

Roşii umplute cu ciuperci şi brânză

Timp de preparare: 15 minute

timp de gătit: 20 de minute

Porţii: 4

Nivel de dificultate: mediu

Ingrediente:

- 4 roşii mari coapte
- 1 lingura ulei de masline
- ½ liră (454 g) ciuperci albe sau cremini, feliate
- 1 lingura busuioc proaspat, tocat
- ½ cană ceapă galbenă, tăiată cubuleţe
- 1 lingura oregano proaspat, tocat
- 2 catei de usturoi, tocati
- ½ lingurita sare
- ¼ de lingurita piper negru proaspat macinat
- 1 cană de brânză mozzarella semi-degresată, rasă
- 1 lingura parmezan, ras

directii:

Pregătiţi cuptorul la 375°F (190°C). Tăiaţi o felie de ½ inch din fiecare roşie. Scoateţi pulpa într-un castron, lăsând coajă de roşii de ½ inch. Aranjaţi roşiile pe o tavă de copt tapetată cu folie de aluminiu. Încinge uleiul de măsline într-o tigaie acoperită la foc mediu.

Adaugati in tigaie ciupercile, busuiocul, ceapa, oregano, usturoiul, sare si piper negru si caliti 5 minute.

Se toarnă amestecul în vasul cu pastă de roşii, apoi se adaugă brânza mozzarella şi se amestecă bine. Turnaţi amestecul în fiecare coajă de roşii şi acoperiţi cu un strat de parmezan. Coaceţi în cuptorul preîncălzit timp de 15 minute sau până când brânza clocoteşte şi roşiile sunt moi. Scoateţi roşiile umplute din cuptor şi serviţi calde.

Nutriţie (pentru 100g):254 calorii 14,7 g grăsimi 5,2 g carbohidraţi 17,5 g proteine 783 mg sodiu

tabouleh

Timp de preparare: 15 minute

timp de gătit: 5 minute

Porții: 6

Nivel de dificultate: mediu

Ingrediente:

- 4 linguri ulei de măsline, împărțit
- 4 cani de conopida rasa
- 3 catei de usturoi, tocati marunt
- Sare si piper negru dupa gust
- ½ castravete mare, curatat de coaja, fara samburi si tocat
- ½ cană pătrunjel italian, tocat
- suc de 1 lămâie
- 2 linguri ceapa rosie tocata
- ½ cană frunze de mentă, tocate
- ½ cană măsline Kalamata fără sâmburi, tocate
- 1 cană de roșii cherry, tăiate în patru
- 2 cani de frunze de rucola sau spanac
- 2 avocado medii, decojite, fără sâmburi și tăiate cubulețe

directii:

Încinge 2 linguri de ulei de măsline într-o tigaie antiaderentă la foc mediu. Adăugați în tigaie conopida de orez, usturoiul, sare și piper negru și căliți până se parfumează, 3 minute. Transferați-le într-un castron mare.

Adăugaţi în bol castravetele, pătrunjelul, sucul de lămâie, ceapa roşie, menta, măslinele şi uleiul de măsline rămas. Se amestecă pentru a se combina bine. Păstraţi vasul la frigider pentru cel puţin 30 de minute.

Scoateţi vasul din frigider. Adăugaţi roşii cherry, rucola, avocado în bol. Se condimentează bine şi se amestecă bine. Servit rece.

Nutriţie (pentru 100g):198 calorii 17,5 g grăsimi 6,2 g carbohidraţi 4,2 g proteine 773 mg sodiu

Broccoli picant rabe și inimioare de anghinare

Timp de preparare: 5 minute

timp de gătit: 15 minute

Porții: 4

Nivel de dificultate: mediu

Ingrediente:

- 3 linguri ulei de măsline, împărțit
- 2 lire (907 g) broccoli proaspăt Rabe
- 3 catei de usturoi, tocati marunt
- 1 lingurita fulgi de ardei rosu
- 1 lingurita sare, plus mai mult dupa gust
- 13,5 uncii (383 g) inimioare de anghinare
- 1 lingura de apa
- 2 linguri otet de vin rosu
- Piper negru proaspăt măcinat, după gust

directii:

Încinge 2 linguri de ulei de măsline într-o tigaie antiaderentă peste o tigaie medie-înaltă. Adăugați broccoli, usturoiul, fulgii de ardei roşu şi sare în tigaie şi prăjiți 5 minute până când broccoli este fraged.

Adăugați inimioarele de anghinare în tigaie şi prăjiți încă 2 minute până se înmoaie. Turnați apă în tigaie şi dați focul la mic. Se pune capacul şi se fierbe timp de 5 minute. Între timp, amestecați într-un castron oțetul şi 1 lingură ulei de măsline.

Stropiți broccoli şi anghinarea fierte cu oțet de ulei şi stropiți cu sare şi piper negru. Se amestecă bine înainte de servire.

Nutriție (pentru 100g):272 calorii 21,5 g grăsimi 9,8 g carbohidrați 11,2 g proteine 736 mg sodiu

Shakshuka

Timp de preparare: 10 minute

timp de gătit: 25 de minute

Porţii: 4

Dificultate: greu D

Ingrediente:

- 5 linguri ulei de măsline, împărţit
- 1 ardei gras rosu, taiat marunt
- ½ ceapă galbenă mică, tăiată mărunt
- 14 uncii (397 g) piure de roşii, cu sucuri
- 170 g spanac congelat, decongelat si fara exces de lichid
- 1 lingurita boia afumata
- 2 catei de usturoi, tocati marunt
- 2 linguriţe fulgi de ardei roşu
- 1 lingura capere, tocate grosier
- 1 lingura de apa
- 6 ouă mari
- ¼ de lingurita piper negru proaspat macinat
- ¾ cană feta sau brânză de capră, mărunţită
- ¼ de cană de pătrunjel sau coriandru proaspăt, tocat

directii:

Pregătiţi cuptorul la 300ºF (150ºC). Încinge 2 linguri de ulei de măsline într-o tigaie rezistentă la cuptor la foc mediu-mare. Se calesc ardeii si ceapa in tigaie pana ce ceapa devine translucida si ardeii sunt moi.

Adaugati rosiile si sucurile, spanacul, ardeii, usturoiul, fulgii de ardei rosu, caperele, apa si 2 linguri de ulei de masline in tigaie. Se amestecă bine şi se aduce la fierbere. Reduceţi focul la mic, apoi puneţi capacul şi fierbeţi timp de 5 minute.

Se sparg ouale peste sos, lasand un spatiu intre fiecare ou, lasand oul intact si se presara cu piper negru proaspat macinat. Gatiti pana cand ouale au atins gradul potrivit de coacere.

Presăraţi brânza peste ouă şi sos şi coaceţi în cuptorul preîncălzit timp de 5 minute sau până când brânza devine pufoasă şi aurie. Stropiţi cu 1 lingură rămasă de ulei de măsline şi stropiţi cu pătrunjel înainte de a servi cald.

Nutriţie (pentru 100g):335 calorii 26,5 g grăsimi 5 g carbohidraţi 16,8 g proteine 736 mg sodiu

Spanakopita

Timp de preparare: 15 minute

timp de gătit: 50 de minute

Porții: 6

Dificultate: greu D

Ingrediente:

- 6 linguri ulei de măsline, împărțit
- 1 ceapă galbenă mică, tăiată cubulețe
- 4 cesti de spanac tocat congelat
- 4 catei de usturoi, tocati
- ½ lingurita sare
- ½ linguriță piper negru proaspăt măcinat
- 4 ouă mari, bătute
- 1 cană de brânză ricotta
- ¾ cană brânză feta, mărunțită
- ¼ cană nuci de pin

directii:

Ungeți vasul cu 2 linguri de ulei de măsline. Setați cuptorul la 375 de grade F. Încingeți 2 linguri de ulei de măsline într-o tigaie antiaderență la foc mediu-mare. Adăugați ceapa în tigaie și căliți până când devine translucidă și fragedă, 6 minute.

Adăugați spanacul, usturoiul, sare și piper negru în tigaie și mai soțiți încă 5 minute. Puneți-le într-un bol și lăsați-le deoparte. Într-un castron separat, combinați ouăle bătute și brânza ricotta, apoi turnați în vasul cu amestecul de spanac. Se amestecă pentru a se amesteca bine.

Se toarnă amestecul în tava, înclinând vasul astfel încât amestecul să acopere uniform fundul. Coaceți până începe să se întărească. Scoateți vasul din cuptor și acoperiți cu brânză feta și nuci de pin, apoi stropiți cu restul de 2 linguri de ulei de măsline.

Puneți tava înapoi în cuptor și coaceți încă 15 minute sau până când blatul devine maro auriu. Scoateți vasul din cuptor. Lăsați spanakopita să se răcească câteva minute și feliați pentru a servi.

Nutriție (pentru 100g):340 calorii 27,3 g grăsimi 10,1 g carbohidrați 18,2 g proteine 781 mg sodiu

tajine

Timp de preparare: 20 minute

timp de gătit: 60 de minute

Porții: 6

Nivel de dificultate: mediu

Ingrediente:

- ½ cană ulei de măsline
- 6 tulpini de țelină, tăiate în semilune de ¼ inch
- 2 cepe galbene medii, feliate
- 1 lingurita chimen macinat
- ½ lingurita de scortisoara macinata
- 1 lingurita pudra de ghimbir
- 6 catei de usturoi, tocati
- ½ lingurita boia
- 1 lingurita de sare
- ¼ de lingurita piper negru proaspat macinat
- 2 căni de bulion de legume cu conținut scăzut de sodiu
- 2 dovlecei medii, tăiați în semicercuri groase de ½ inch
- 2 cani de conopida, taiata buchetele
- 1 vinete medie, tăiată în cuburi de 1 inch
- 1 cană măsline verzi, tăiate la jumătate şi fără sâmburi
- 13,5 uncii (383 g) inimioare de anghinare, scurse şi tăiate în sferturi
- ½ cană frunze proaspete de coriandru tocate pentru ornat

- ½ cană iaurt grecesc simplu pentru garnitură
- ½ cană de pătrunjel proaspăt tocat cu frunze plate, pentru decor

directii:

Gatiti uleiul de masline intr-o oala de supa la foc mediu. Adăugați țelina și ceapa în oală și căleți timp de 6 minute. Adăugați în cratiță chimenul, scorțișoara, ghimbirul, usturoiul, boia de ardei, sare și piper negru și mai sotiți încă 2 minute până devine aromat.

Se toarnă bulionul de legume în oală și se aduce la fierbere. Reduceți focul la mic și adăugați dovlecelul, conopida și vinetele. Acoperiți și fierbeți timp de 30 de minute sau până când legumele sunt fragede. Apoi adăugați măslinele și inimile de anghinare în piscină și fierbeți încă 15 minute. Puneți într-un castron mare de servire sau tagine și serviți cu coriandru, iaurt grecesc și pătrunjel.

Nutriție (pentru 100g):312 calorii 21,2 g grăsimi 9,2 g carbohidrați 6,1 g proteine 813 mg sodiu

Fistic citrice și sparanghel

Timp de preparare: 10 minute

timp de gătit: 10 minute

Porții: 4

Dificultate: greu D

Ingrediente:

- Zest și suc de 2 clementine sau 1 portocală
- Coaja și zeama de la 1 lămâie
- 1 lingura otet de vin rosu
- 3 linguri ulei de măsline extravirgin, împărțit
- 1 lingurita sare, impartita
- ¼ de lingurita piper negru proaspat macinat
- ½ cană fistic, decojit
- 454 g de sparanghel proaspăt, tăiat
- 1 lingura de apa

directii:

Se amestecă coaja și sucul de clementină și lămâie, oțet, 2 linguri de ulei de măsline, ½ linguriță de sare și piper negru. Se amestecă pentru a se amesteca bine. Pune deoparte.

Prăjiți fisticul într-o tigaie antiaderentă, la foc mediu-mare, timp de 2 minute, până se rumenesc. Puneți fisticul prăjit pe o suprafață de lucru curată și tăiați grosier. Amestecați fisticul cu amestecul de citrice. Pune deoparte.

Încălziți uleiul de măsline rămas în tigaia acoperită la foc mediu. Se adauga sparanghelul in tigaie si se caleste 2 minute, apoi se condimenteaza cu sarea ramasa. Pune apa in tigaie. Setați focul la mic și puneți capacul. Se fierbe timp de 4 minute până când sparanghelul este moale.

Scoateți sparanghelul din tigaie într-un castron mare. Turnați amestecul de citrice și fistic peste sparanghel. Se intinde bine inainte de servire.

Nutriție (pentru 100g):211 calorii 17,5 g grăsimi 3,8 g carbohidrați 5,9 g proteine 901 mg sodiu

Vinete umplute cu rosii si patrunjel

Timp de preparare: 15 minute

timp de gătit: 2 ore si 10 minute

Porții: 6

Nivel de dificultate: mediu

Ingrediente:

- ¼ cană ulei de măsline extravirgin
- 3 vinete mici, tăiate la jumătate pe lungime
- 1 lingurita sare de mare
- ½ linguriță piper negru proaspăt măcinat
- 1 ceapa galbena mare, tocata marunt
- 4 catei de usturoi, tocati
- 15 uncii (425 g) roșii tăiate cubulețe, cu sucul
- ¼ cană pătrunjel proaspăt cu frunze plate, tocat mărunt

directii:

Introduceți inserția de gătit lent cu 2 linguri de ulei de măsline. Tăiați câteva fante în partea tăiată a fiecărei jumătăți de vinete, lăsând un spațiu de ¼ inch între fiecare fante. Puneți jumătățile de vinete în aragazul lent, cu pielea în jos. Se presară cu sare și piper negru.

Încinge uleiul de măsline rămas într-o tigaie antiaderentă la foc mediu. Adaugati ceapa si usturoiul in tigaie si caliti timp de 3 minute pana ce ceapa devine translucida.

Se adauga patrunjelul si rosiile in tigaia cu zeama si se stropesc cu sare si piper negru. Se prăjește încă 5 minute sau până când se înmoaie. Împărțiți amestecul în tigaie între jumătățile de vinete și lingura.

Așezați capacul pe aragazul lent și gătiți la foc mare până vinetele sunt fragede, 2 ore. Pune vinetele pe o farfurie si lasa-le cateva minute sa se raceasca inainte de servire.

Nutriție (pentru 100g):455 calorii 13 g grăsimi 14 g carbohidrați 14 g proteine 719 mg sodiu

Ratatouille

Timp de preparare: 15 minute

Timp de preparare: 7 ore

Porții: 6

Nivel de dificultate: mediu

Ingrediente:

- 3 linguri ulei de masline extravirgin
- 1 vinete mare, nedecojită, tăiată felii
- 2 cepe mari, feliate
- 4 dovlecei mici, feliați
- 2 ardei verzi
- 6 roșii mari, tăiate în felii de ½ inch
- 2 linguri patrunjel proaspat cu frunze plate, tocat
- 1 lingurita busuioc uscat
- 2 catei de usturoi, tocati
- 2 lingurițe sare de mare
- ¼ de lingurita piper negru proaspat macinat

Direcție:

Umpleți cuptorul lent cu 2 linguri de ulei de măsline. Aranjați feliile, fâșiile și feliile de legume alternativ în insertul de aragaz lent. Presarati patrunjelul peste legume si asezonati cu busuioc, usturoi, sare si piper negru. Stropiți cu uleiul de măsline rămas. Închideți și gătiți la LOW timp de 7 ore până când legumele sunt fragede. Pune legumele pe o farfurie si serveste calde.

Nutriție (pentru 100g):265 calorii 1,7 g grăsimi 13,7 g carbohidrați 8,3 g proteine 800 mg sodiu

Gemista

Timp de preparare: 15 minute

Timp de preparare: 4 ore

Porții: 4

Nivel de dificultate: mediu

Ingrediente:

- 2 linguri ulei de masline extravirgin
- 4 ardei mari, de orice culoare
- ½ cană de cușcuș nefiert
- 1 lingurita oregano
- 1 cățel de usturoi, tocat
- 1 cană brânză feta mărunțită
- 1 cutie de fasole cannellini (15 uncii / 425 g), clătită și scursă
- sare si piper dupa gust
- 1 felii de lamaie
- 4 cepe primare, părți albe și verzi separate, feliate subțiri

Direcție:

Tăiați o felie de ½ inch din vârful ardeilor de sub tulpină. Aruncați doar tulpina și tăiați partea superioară feliată sub tulpină și rezervați-o într-un castron. Scobiți ardeii cu o lingură. Ungeți aragazul lent cu ulei.

Adăugați ingredientele rămase, cu excepția părților verzi ale ceață și felii de lămâie, în bolul cu ardeii tocați. Se amestecă pentru a se amesteca bine. Turnați amestecul în ardeii scobiți și aranjați ardeii umpluți în slow cooker, apoi stropiți cu mai mult ulei de măsline.

Închideți capacul cuptorului lent și gătiți la foc mare timp de 4 ore sau până când ardeii sunt fragezi.

Scoateți ardeii din aragazul lent și serviți pe o farfurie. Se presară cu părțile verzi ale ceapei primăvară și se stoarce felii de lămâie peste ele înainte de servire.

Nutriție (pentru 100g): 246 calorii 9 g grăsimi 6,5 g carbohidrați 11,1 g proteine 698 mg sodiu

rulouri de varza

Timp de preparare: 15 minute

Timp de preparare: 2 ore

Porţii: 4

Dificultate: greu D

Ingrediente:

- 4 linguri ulei de măsline, împărţit
- 1 cap mare de varză, fără miez
- 1 ceapa galbena mare, tocata
- 3 uncii (85 g) brânză feta, mărunţită
- ½ cană coacăze uscate
- 3 căni de orz perlat fiert
- 2 linguri patrunjel proaspat cu frunze plate, tocat
- 2 linguri de nuci de pin, prajite
- ½ linguriță sare de mare
- ½ lingurita piper negru
- 15 uncii (425 g) piure de roşii, cu sucul
- 1 lingura otet de mere
- ½ cană suc de mere

directii:

Ungeţi inserţia slow cooker cu 2 linguri de ulei de măsline. Albeşte varza într-o oală cu apă timp de 8 minute. Scoateţi din apă şi lăsaţi deoparte, apoi despărţiţi 16 frunze de varză. Pune deoparte.

Stropiți uleiul de măsline rămas într-o tigaie antiaderentă și încălziți la foc mediu-mare. Adaugati ceapa in tigaie si caliti pana ce ceapa si ardeii sunt moi. Transferați ceapa într-un bol.

Adăugați feta, coacăzele roșii, orzul, pătrunjelul și nucile de pin în bolul cu ceapa fiartă și stropiți cu ¼ linguriță de sare și ¼ de linguriță de piper negru.

Aranjați frunzele de varză pe o suprafață de lucru curată. Puneți 1/3 cană din amestec în centrul fiecărei farfurii, apoi pliați marginea peste amestec și rulați. Puneți rulourile de varză în aragazul lent, cu cusătura în jos.

Puneți ingredientele rămase într-un bol separat și turnați amestecul peste sarmale. Închideți capacul cuptorului lent și gătiți la foc mare timp de 2 ore. Scoateți sarmalele din aragazul lent și serviți calde.

Nutriție (pentru 100g):383 calorii 14,7 g grăsimi 12,9 g carbohidrați 10,7 g proteine 838 mg sodiu

Varza de Bruxelles cu glazura balsamica

Timp de preparare: 15 minute

Timp de preparare: 2 ore

Porții: 6

Nivel de dificultate: mediu

Ingrediente:

- Glazura balsamica:
- 1 cană oțet balsamic
- ¼ cană miere
- 2 linguri ulei de masline extravirgin
- 2 lire (907 g) varză de Bruxelles, tăiată și tăiată la jumătate
- 2 căni de supă de legume cu conținut scăzut de sodiu
- 1 lingurita sare de mare
- Piper negru proaspăt măcinat, după gust
- ¼ cană parmezan, ras
- ¼ cană nuci de pin

directii:

Faceți glazura balsamică: amestecați oțetul balsamic și mierea într-o cratiță. Se amestecă pentru a se amesteca bine. Se aduce la fierbere la foc mediu. Reduceți focul la mic și fierbeți timp de 20 de minute, până când glazura s-a redus la jumătate și are o consistență groasă. Pune puțin ulei de măsline în inserția de gătit lent.

Puneți varza de Bruxelles, supa de legume și ½ linguriță de sare în aragazul lent și amestecați pentru a se combina. Închideți capacul cuptorului lent și gătiți la foc mare, până când mugurii sunt fragezi, 2 ore.

Pune varza de Bruxelles pe o farfurie si asezoneaza cu sare si piper negru ramas. Întindeți glazura balsamică peste varza de Bruxelles și serviți cu parmezan și nuci de pin.

Nutriție (pentru 100g):270 de calorii 10,6 g grăsimi 6,9 g carbohidrați 8,7 g proteine 693 mg sodiu

Salata de spanac cu vinegreta de citrice

Timp de preparare: 10 minute

timp de gătit: 0 minute

Porții: 4

Nivel de dificultate: Uşor

Ingrediente:

- Vinaigretă cu citrice:
- ¼ cană ulei de măsline extravirgin
- 3 linguri de otet balsamic
- ½ lingurita coaja proaspata de lamaie
- ½ lingurita sare
- Salată:
- 1 liră (454 g) spanac pentru copii, spălat, tulpinile îndepărtate
- 1 roşie mare coaptă, tăiată în bucăți de ¼ inch
- 1 ceapă roşie medie, feliată subțire

directii:

Pregătiți vinegreta cu citrice: amestecați într-un castron uleiul de măsline, oțetul balsamic, coaja de lămâie şi sarea.

Pregătiți salata: puneți puiul de spanac, roşiile şi ceapa într-un castron separat de salată. Se toarnă vinegreta de citrice peste salată şi se amestecă uşor până când legumele sunt acoperite complet.

Nutriție (pentru 100g):173 de calorii 14,2 g grăsimi 4,2 g carbohidrați 4,1 g proteine 699 mg sodiu

Salată ușoară de portocale cu țelină

Timp de preparare: 15 minute

timp de gătit: 0 minute

Porții: 6

Nivel de dificultate: Ușor

Ingrediente:

- <u>Salată:</u>
- 3 tulpini de țelină, inclusiv frunzele, tăiate în diagonală felii de ½ inch
- ½ cană măsline verzi
- ¼ cană ceapă roșie feliată
- 2 portocale mari decojite, tăiate rondele
- <u>Pansament:</u>
- 1 lingura ulei de masline extravirgin
- 1 lingura suc de lamaie sau portocale
- 1 lingură de saramură de măsline
- ¼ linguriță cușer sau sare de mare
- ¼ de lingurita piper negru proaspat macinat

directii:

Pregătiți salata: puneți într-un castron puțin adânc țelină, măsline verzi, ceapă și portocale. Se amestecă bine și se lasă deoparte.

Pregătiți dressingul: amestecați uleiul de măsline, sucul de lămâie, saramura de măsline, sare și piper.

Se toarnă dressingul în castronul de salată și se amestecă ușor până când este complet acoperit.

Se serveste rece sau la temperatura camerei.

Nutriție (pentru 100g):24 de calorii 1,2 g grăsimi 1,2 g carbohidrați 1,1 g proteine 813 mg sodiu

Rulouri de vinete prajite

Timp de preparare: 20 minute

timp de gătit: 10 minute

Porţii: 6

Nivel de dificultate: mediu

Ingrediente:

- 2 vinete mari
- 1 lingurita de sare
- 1 cană de brânză ricotta rasă
- 4 uncii (113 g) brânză de capră, rasă
- ¼ cană busuioc proaspăt tocat mărunt
- ½ linguriţă piper negru proaspăt măcinat
- Spray cu ulei de măsline

directii:

Puneţi feliile de vinete într-o strecurătoare şi asezonaţi cu sare. Lăsaţi deoparte 15 până la 20 de minute.

Combinaţi ricotta şi brânza de capră, busuiocul şi piperul negru într-un castron mare şi amestecaţi pentru a se combina. Pune deoparte. Uscaţi feliile de vinete cu prosoape de hârtie şi pulverizaţi uşor cu spray de ulei de măsline.

Încinge o tigaie mare la foc mediu-mare şi stropeşte uşor cu ulei de măsline. Aranjaţi feliile de vinete în tigaie şi prăjiţi timp de 3 minute pe fiecare parte până se rumenesc.

Se ia de pe foc, se aseaza pe o farfurie tapetata cu hartie de bucatarie si se lasa sa se odihneasca 5 minute. Pregătiți rulourile de vinete: Puneți feliile de vinete pe o suprafață de lucru plană și acoperiți fiecare felie cu o lingură din amestecul de brânză pregătit. Rulați și serviți imediat.

Nutriție (pentru 100g):254 calorii 14,9 g grăsimi 7,1 g carbohidrați 15,3 g proteine 612 mg sodiu

Bol cu legume prăjite şi orez brun

Timp de preparare: 15 minute

timp de gătit: 20 de minute

Porţii: 4

Nivel de dificultate: mediu

Ingrediente:

- 2 cesti buchetele de conopida
- 2 cesti buchetele de broccoli
- 1 cutie de năut (15 uncii / 425 g).
- 1 cană felii de morcov (aproximativ 1 inch grosime)
- 2 până la 3 linguri ulei de măsline extravirgin, împărţit
- Sare si piper negru dupa gust
- Spray de gătit antiaderent
- 2 căni de orez brun fiert
- 3 linguri de seminte de susan
- Pansament:
- 3 până la 4 linguri tahini
- 2 linguri de miere
- 1 lămâie, suc
- 1 căţel de usturoi, tocat
- Sare si piper negru dupa gust

directii:

Pregătiți cuptorul la 205°C. Pulverizați două foi de copt cu spray de gătit antiadeziv.

Întindeți conopida și broccoli pe prima foaie de copt și pe a doua cu feliile de năut și morcov.

Stropiți fiecare frunză cu jumătate de ulei de măsline și stropiți cu sare și piper. Se rotește bine pentru a acoperi.

Prăjiți năutul și feliile de morcov în cuptorul preîncălzit timp de 10 minute, lăsați morcovii fragezi, dar crocanți, lăsați conopida și broccoli-n furculiță timp de 20 de minute. Se amestecă o dată la jumătatea gătitului.

Între timp, pregătiți dressingul: într-un castron mic, amestecați împreună tahini, miere, sucul de lămâie, usturoi, sare și piper.

Împărțiți orezul brun fiert în patru boluri. Acoperiți fiecare bol uniform cu legume prăjite și dressing. Se împrăștie peste semințele de susan pentru ornat înainte de servire.

Nutriție (pentru 100g):453 calorii 17,8 g grăsimi 11,2 g carbohidrați 12,1 g proteine 793 mg sodiu

Hash de conopida cu morcovi

Timp de preparare: 10 minute

timp de gătit: 10 minute

Porții: 4

Nivel de dificultate: Uşor

Ingrediente:

- 3 linguri ulei de masline extravirgin
- 1 ceapa mare, tocata
- 1 lingura de usturoi tocat
- 2 căni de morcovi tăiați cubulețe
- 4 cesti buchetele de conopida
- ½ linguriță de chimen măcinat
- 1 lingurita de sare

directii:

Gatiti uleiul de masline la foc mediu. Amestecați ceapa şi usturoiul şi prăjiți timp de 1 minut. Se amestecă morcovii şi se prăjesc timp de 3 minute. Adăugați buchetele de conopidă, chimenul şi sarea şi amestecați.

Acoperiți şi prăjiți timp de 3 minute până se rumenesc uşor. Se amestecă bine şi se fierbe, neacoperit, până când se înmoaie, 3 până la 4 minute. Scoateți de pe aragaz şi serviți cald.

Nutriție (pentru 100g):158 calorii 10,8 g grăsimi 5,1 g carbohidrați 3,1 g proteine 813 mg sodiu

Cuburi de dovlecel cu usturoi cu menta

Timp de preparare: 5 minute

timp de gătit: 10 minute

Porții: 4

Nivel de dificultate: Uşor

Ingrediente:

- 3 dovlecei verzi mari
- 3 linguri ulei de masline extravirgin
- 1 ceapa mare, tocata
- 3 catei de usturoi, tocati
- 1 lingurita de sare
- 1 lingurita de menta uscata

directii:

Se caleste uleiul de masline intr-o tigaie mare la foc mediu-mare.

Amestecați ceapa şi usturoiul şi căliți, amestecând constant, timp de 3 minute sau până când se înmoaie.

Se amestecă dovlecelul tăiat cubulețe şi sarea şi se fierbe timp de 5 minute, sau până când dovleceii sunt rumeniți şi fragezi.

Adăugați menta în tigaie şi amestecați pentru a se combina, apoi continuați gătirea timp de 2 minute. Serviți cald.

Nutriție (pentru 100g):146 de calorii 10,6 g grăsimi 3 g carbohidrați 4,2 g proteine 789 mg sodiu

Bol de anghinare cu dovlecei cu Faro

Timp de preparare: 15 minute

timp de gătit: 10 minute

Porții: 6

Nivel de dificultate: Ușor

Ingrediente:

- 1/3 cană ulei de măsline extravirgin
- 1/3 cana ceapa rosie tocata
- ½ cană ardei gras roșu tocat
- 2 catei de usturoi, tocati
- 1 cană de dovlecel, tăiat în felii groase de ½ inch
- ½ cana de anghinare tocata grosier
- ½ cană de năut conservat, scurs și clătit
- 3 căni de Faro fiert
- Sare si piper negru dupa gust
- ½ cană brânză feta mărunțită, pentru servire (opțional)
- ¼ cană măsline feliate, pentru servire (opțional)
- 2 linguri sifonada de busuioc proaspat, pentru servire (optional)
- 3 linguri de otet balsamic, pentru servire (optional)

directii:

Încinge uleiul de măsline într-o tigaie mare la foc mediu-mare până strălucește. Se amestecă ceapa, ardeiul și usturoiul și se călesc timp de 5 minute, amestecând din când în când, până se înmoaie.

Se amestecă feliile de dovlecel, anghinarea şi năutul şi se călesc până se înmoaie uşor, aproximativ 5 minute. Adăugaţi faroul fiert şi amestecaţi până se încălzeşte. Asezonaţi cu sare şi piper.

Împărţiţi amestecul în boluri. Acoperiţi uniform fiecare bol cu brânză feta, felii de măsline şi busuioc şi stropiţi cu oţet balsamic, dacă doriţi.

Nutriţie (pentru 100g):366 de calorii 19,9 g grăsimi 9 g carbohidraţi 9,3 g proteine 819 mg sodiu

Chip cu dovlecei cu 5 ingrediente

Timp de preparare: 15 minute

timp de gătit: 5 minute

Porții: 14

Nivel de dificultate: mediu

Ingrediente:

- 4 cani de dovlecel ras
- Sarat la gust
- 2 oua mari, batute usor
- 1/3 cana ceapa verde tocata
- 2/3 făină universală
- 1/8 lingurita piper negru
- 2 linguri ulei de masline

directii:

Puneți dovlecelul ras într-o strecurătoare și sare puțin. Se lasa sa se odihneasca 10 minute. Luați cât mai mult lichid din dovlecelul ras.

Puneți dovlecelul ras într-un castron. Incorporati ouale batute, ceapa primavara, faina, sare si piper si amestecati pana se omogenizeaza bine.

Încinge uleiul de măsline într-o tigaie mare la foc mediu-mare până se încinge.

Puneţi 3 linguri de amestec de dovlecei pe tigaia fierbinte pentru a face fiecare gogoaşă, întinzându-le uşor în rondele şi distanţaţi-le la aproximativ 2 inci.

Gatiti 2-3 minute. Întoarceţi prăjiturile de dovlecei şi prăjiţi încă 2 minute sau până când devin aurii şi gătiţi.

Se ia de pe foc si se aseaza pe o farfurie tapetata cu hartie de bucatarie. Repetaţi cu amestecul de dovlecel rămas. Se serveste fierbinte.

Nutriţie (pentru 100g):113 calorii 6,1 g grăsimi 9 g carbohidraţi 4 g proteine 793 mg sodiu

CPSIA information can be obtained
at www.ICGtesting.com
Printed in the USA
LVHW022317060922
727654LV00006B/49